革命文献与民国时期文献
保护计划

成 果

民国时期图书馆学报刊资料分类汇编

图书馆老照片

上册

赵建爽 主编

国家图书馆出版社

图书在版编目（CIP）数据

图书馆老照片 / 赵建爽主编 . — 北京：国家图书馆出版社，2020.5（2020.12重印）

（民国时期图书馆学报刊资料分类汇编）

ISBN 978-7-5013-6730-6

Ⅰ.①图… Ⅱ.①赵… Ⅲ.①图书馆学—期刊—汇编—中国—民国 Ⅳ.① G259.296

中国版本图书馆 CIP 数据核字（2019）第 188847 号

书　　名	图书馆老照片（全二册）
著　　者	赵建爽　主编
责任编辑	邓咏秋
编辑助理	张晴池
封面设计	得铭文化 + 邢毅

出版发行	国家图书馆出版社（北京市西城区文津街7号 100034） （原书目文献出版社　北京图书馆出版社） 010-66114536　63802249　nlcpress@nlc.cn（邮购）
网　　址	http://www.nlcpress.com
排　　版	北京旅教文化传播有限公司
印　　装	北京金康利印刷有限公司
版次印次	2020年5月第1版　2020年12月第2次印刷

开　　本	787×1092　1/16
印　　张	55.75
书　　号	ISBN 978-7-5013-6730-6
定　　价	598.00 元

版权所有　侵权必究

本书如有印装质量问题，请与读者服务部（010-66126156）联系调换。

革命文献与民国时期文献整理出版工作委员会

主　　　任　饶　权
副　主　任　张志清　马　静
委　　　员　（按姓氏笔画排序）
　　　　　　王水乔　王建军　王筱雯　韦　江
　　　　　　历　力　孔德超　任　竞　全　勤
　　　　　　刘宇松　刘显世　刘洪辉　次旦普赤
　　　　　　李　彤　李　勇　李　培　李晓秋
　　　　　　肖维平　何光伦　辛　欣　张景元
　　　　　　陈　超　林旭东　周云岳　周德明
　　　　　　郑智明　赵瑞军　钟　琼　贺定安
　　　　　　贺美华　高文华　陶　涛　韩　彬
　　　　　　雷　亮　褚树青　魏孔俊

革命文献与民国时期文献整理出版编纂委员会

总　　　编　饶　权
副　总　编　张志清
委　　　员　（按姓氏笔画排序）
　　　　　　马　静　王志庚　毛雅君　陈红彦
　　　　　　殷梦霞　韩　华　雷　亮　魏　崇

革命文献与民国时期文献整理出版学术顾问

（按姓氏笔画排序）

马大正　马振犊　王奇生　王建朗
王晓秋　孔德平　厉　声　白云涛
曲爱国　刘家真　杨天石　汪朝光
宋志勇　张宪文　陈　力　罗志田
季正聚　金以林　周永生　周和平
夏燕月　徐　勇　桑　兵　黄小同
黄长著　黄兴涛　黄修荣　韩永进
臧运祜

总　序

中华文明之所以博大精深、源远流长，不仅与未曾断裂的文字记录有关，也与自古有"易代修史"和重视文献收集、整理等优良传统密不可分。明有《永乐大典》、清有《四库全书》，都是有力的佐证。自新中国成立，特别是改革开放以来，我国日渐加大对古代各时期文献整理和保护工作的力度，但对具有重要价值又亟须保护的民国时期文献的重视程度尚需进一步加强。

民国时期是中国历史上一个重要而特殊的嬗变时期，新旧交汇、中西碰撞，形成了社会转型期特殊的文化景观；同时，这一时期也是中华民族遭受外侮、充满灾难的时期。仅从文化角度考察，一方面传统文化得到进一步的整理继承和批判扬弃，另一方面西方文化又强烈冲击和影响着当时人们的思想与行为。特别是马列著作的译介与传播，不仅深刻影响着人们的思想意识，而且直接导致了新民主主义革命的爆发，并由此带来一系列社会巨变。这些政治、经济、文化、社会的巨大变革，形诸文字，辅之于出版业和新闻业的飞速发展，使得民国时期的出版发行业达到了空前的规模。短短数十年间，积累了图书、期刊、报纸以及档案、日记、手稿、票据、传单、海报、图片及声像资料等大量文献。这些文献正是记录、反映民国时期政治、经济、军事、文化等诸多方面的重要载体。

概括而言，民国时期文献具有以下特点：第一，数量众多。据初步估算，民国时期文献数量远远超过存世数千年的古籍总量，仅国家图书馆一馆所藏就达八十八万余册。第二，内容丰富。该时期文献涵盖了政治、经济、文化、军事等领域，既有政府公报、法律规范等方面的文献资料，也有丰富的文学作品。同时，电影及唱片等作品也大量出现。无论在内容上，还是在文献形式上，均极为丰富。第三，历史和学术价值高。民国时期，中国经历了内忧外患，中国共产党领导中国人民开展了艰苦卓绝的革命斗争，在中国历史上写下了辉煌篇章，产生了大量革命历史文献。这些文献历久弥珍，是研究中国共产党党史的珍贵资料。民国时期又是各种思想交汇、碰撞的时期，留下了大量记载时代印迹的资料，在政治、法律、语言文字、历史等诸学科都留下了丰富的文化遗产，对研究民国时期的历史，尤其是人文社会科学，有着重要的借鉴意义。第四，现实意义重大。民国时期形成的边疆垦务、农商统计、中国经济志、赈灾史料等文献，对研究国家主权、边境、民族、军事以及农业、水利、经济等均有重要的现实意义，同时也是开展爱国主义教育、革命传统教育和国情教育的生动教材。例如，大量有关"东京审判"的文字记录、照片、影像资料，集中反映了日军侵略中国的历史，是日本军国主义侵华罪行的有力证据。第五，纸张和印制品质不佳。民国时期正处于从手工造纸向机械造纸转换的初期，所产纸张酸性高，加之印刷、装订等工艺的自身缺陷，造成了文献印制质量上的先天不足，致使很多文献出现了严重的老化或损毁现象，其保存难度大大高于传统手工纸文献。民国时期文献的上述特点，决定了对其进行保护的思路必须随着科学技术的发展不断创新，如在文献普查、原生性保护基础上，充分利用影印出版、缩微、数字化等再生性保护方式，以期达到事半功倍之效果。

国家图书馆是国家总书库，履行国内外图书文献的收藏和保护职能，为中央和国家领导机关立法决策、国内科学研究和公众提供文献信息服务。文献作为一个国家的历史积淀和文化载体，肩负着国家和民族的文化传承重任，保存、保护和利用好这些文献，是图书馆人的历史责任。二〇一一年，在文化部、财政部支持下，国家图书馆联合业内相关单位启动了"革命文献与民国时期文献保护计划"，旨在通过文献普查、海内外文献征集、整理出版，以及文献保护技术研究等各项工作的开展，切实有效地抢救与保护民国时期文献。

文献整理出版是保护计划的一项重要内容，由国家图书馆策划，将依据文献的馆藏特色、资料类型、濒危状况、珍稀程度和社会需求等方面，整合各文献存藏单位所藏，汇集相关领域专家与出版工作者等多方力量，采取"民国文献资料丛编"形式，统筹规划、有序推进，成规模地整理、编纂出版包括民国时期政治、经济、社会、文化、教育、外交等各领域文献，努力为社会各界提供丰富的、有价值的、便利的文献资源。

中华民族的伟大复兴，以文化复兴为标志。文化的复兴，必须以弘扬传统文化为基础。弘扬传统文化，又必须以保护、传承传统文化为前提。我们坚信，"丛编"的推出，必将为民族复兴、文化繁荣做出重要贡献。

是为序。

周和平

2013年1月

"民国时期图书馆学报刊资料分类汇编"编委会

顾问： 汪东波　李万健　郝守真

主编： 王志庚

编委（以姓氏笔画为序）：

　　　万仁莉　刘　赟　刘博涵　余学玲
　　　张丽丽　张艳霞　陈慧娜　赵建爽
　　　胡宏哲　高　凡　郭传芹　黄　洁
　　　路国林　滕静静

本书编委会

主编：赵建爽

编务（以姓氏笔画为序）：

　　　　任正培　刘　洁　纪　睿　李乔乔　宋佳言
　　　　周子文　赵　磊　赵兴罡　赵建爽　富　洁

序

我国现代图书馆事业肇始于清末，但民国时期是其迅速蓬勃发展的第一个高潮期。随着遍布全国的省级公共图书馆的建设完成，民国时期的图书馆事业也经历了公共图书馆运动、新图书馆运动、民众社会教育馆运动，逐步形成了一个多层次的图书馆体系。与此同时，我国第一代图书馆人在图书馆立法、人才培养、队伍建设、理论研究、学科教育、行政管理、业界联合等领域也进行了深入的探索与积极实践，基本确立了我国现代图书馆事业发展所涉及的各个领域，在图书馆类型、服务手段等方面做出了积极的尝试。即使置诸当下，也依然值得我们借鉴。因此，对于我国的图书馆事业而言，民国时期无疑是值得关注和深入研究的一个重要的历史发展阶段，应该成为我国图书馆发展史上的研究重点。

与民国图书馆界所进行的广泛而深入的办馆实践共同闪耀的，是当时的图书馆学研究工作的开展，特别是论著的出版与发表。正如范凡在其论著中所指出的那样，"民国时期是我国图书馆学著作出版和发表的重要时期，其整体状况可以用'由少到多、发展迅速、涵盖全面'来描述"。可以说这一时期所发表的图书馆学著作及论文，基本涵盖了图书馆学范围内所有重要的理论和实践问题，从图书馆立法到社会功能研究，从图书馆人才培养到学术研究，从分类法到文献编目等，均有较深入的探讨和论述，这些图书馆学论著是研究民国时期图书馆事业发展的重要史料，是当下我们进行图书馆事业发展史和图书馆学史研究不可或缺的文献宝库。

史料整理工作对于任何一门学科来说，都是至关重要的基础工作，故有"史学便是史料学"之说，离开史料，我们的研究就会变成无本之木、无源之水。长期以来，与其他学科相比较而言，我国图书馆界的史料整理工作一直未能引起足够重视，图书馆史的梳理与研究亦是如此，尤其是晚清与民国时期，这一问题更为突出：对民国时期图书馆史中的许多重要问题，多有不明所以、知之不详者；对活跃于民国时期图书馆界的许多重要学人，不知所踪者亦有许多；甚至对于当时图林大家的一些重要观点，当今学界都存在着不同程度的误读，乃至以讹传讹。

图书馆学者要对上述问题进行深入研究，就需要对大批文献进行翻检查阅，然而，难点在于，这些民国时期的图书馆学论著淹没在海量的民国文献中，散落于全国各地的公私藏书机构内。这些文献大多因纸张酸化等原因，已不堪翻阅。这种现状已成为影响史学深入研究的一大制约因素。

目前，业界已有人注意到这一点，不断有学者呼吁重视图书馆史料整理工作，希望系统性整理二十世纪图书馆学人著作。国家图书馆作为国内民国文献收藏的重镇和我国图书馆事业的领导力量，它对民国时期图书馆学论著的收集和整理既有先天的优势，又肩负着不可推卸的责任和义务。国家图书馆典藏阅览部是负责文献典藏和读者服务的基础业务部门，在做好日常工作的同时，近年来开展了一系列民国文献整理开发工作，先后出版了《国家图书馆藏民国时期抗战图书书目提要》《国家图书馆藏辛亥革命图书目录提要》《民国时期连环图画总目》《国家图书馆藏民国时期毛边书举要》《民国儿童画报选编》等工具书，还将出版《中国年鉴总目提要》《民国时期图书馆学著述总索引》等书目和索引。2011年，国家图书馆牵头策划了全国性文献保护项目"民国时期文献保护计划"，典藏阅览部借机加大了对民国时期图书、报刊的整理和开发力度，积极申报并承担相关文献整理项目。在参与民国时期文献保护计划的过程中，我们发现民国时期图书馆学者发表的图书馆学论著数量可观，且当时学人对图书馆事业的探求已达到了很高的水准，这为图书馆学作为一门独立的学科构建了基本理论框架。许多我们今天依然在探寻、实践、研究、谈论的观点与话题，在民国时期也早有论述；许多当时的论断，明晰鲜活，鞭辟入里，即使放在今天也依然启人深思。然而，这些成果却长时间被尘封，有感于此，作为新时期的图书馆人，我们深觉有义务、有责任将这些著述认真整理出来，供学界使用。于是，2012年，我们开始系统性整理民国时期报刊上所刊登的各类图书馆学资料，数十名同人对民国报刊逐页进行耐心细致的翻阅和筛选，其中涉及报刊三百余种，至今历时四载有余，记录篇目近三万条，目前工作仍在进行中。对于所整理出的成果，如何更好地将其展现，便于当今学者使用，是我们一直在思考的问题。为此，我们在整理史料期间不断与业内学者及国家图书馆出版社编辑进行交流，还专门召开了"民国时期图书馆史料整理工作专家讨论会"，就图书馆史料整理工作听取专家意见，不断优化、调整史料整理和编辑出版工作思路。

国家图书馆出版社自二十世纪九十年代以来，已经影印出版了《图书馆学季刊》《中华图书馆协会会报》《文华图书馆学专科学校季刊》《近代著名图书馆馆刊荟萃》（目前已出版五编，共收录八十余种图书馆馆刊）等。这些影印出版工作在业内获得了良好的反响与评价，但也存在一些问题。一方面，上述影印图书的内容基本限定在图书馆学期刊范围内，而我们通过搜集原始资料发现，民国时期在图书馆期刊之外的报纸中也刊载了相当数量的图书馆学论著，这部分散见的史料若不加以集中整理，未免有遗珠之憾，这坚定了我们将其结集出版的信心。另一方面，上述影印出版的民国时期图书馆学期刊，基本是按照刊物的原始形态整部影印，其中部分还缺少配套的篇目索引，造成学者在使用过程中或有查检不便。鉴于此，我们决定以分类主题汇编的形式对民国时期报刊中的图书馆学著述进行系统性的整理。具体来说，我们利用图书馆学论文索引、数据库和编者的新发现，将民国时期各种报刊上刊载过的各种图书馆资料进行全面整理收集，以文章为收录单元，按文章主题分类汇总，按原样影印，分多卷陆续出版。

而对于主题的分类，也颇费思量。新中国成立初期，北京图书馆和重庆图书馆等机构都曾编过图书馆学论文索引，对晚清及民国时期的图书馆学论著进行了较为全面的集中梳理，特别是李钟履的《图书馆学论文索引》，分类详尽，并配著者索引，查检便利，为我们今天的书目调查和史料整理工作提供了很好的线索与借鉴。这套丛书的基本分类即按照李钟履索引之类目，按主题分类结集出版。因所辑论著散见各处，且大多纸张脆黄易破，因此编选整理工作不可谓不繁难，耗时亦久，诸多辛劳，不再赘述。

选编影印这样一套丛书，一方面是致敬先贤，希望能够通过我们的努力，最大程度保存民国时期图书馆先辈学者所创造的丰富研究成果，最真切地传承先辈的专心治学、潜心治业的精神遗产；另一方面也为当下及未来的图书馆学者研究提供便利，不敢寄望成为学者治学之利器，但望聊充学海探寻之舟楫，为图书馆学界的史料建设略尽绵薄之力。

这套丛书在整理出版过程中得到了国家图书馆研究院院长汪东波，北京大学信息管理系教授王余光、王子舟，北京大学图书馆副研究馆员范凡，华东师范大学教授范并思等业界专家的大力支持与指导，国家图书馆出版社的邓咏秋博士为此付出了很大的辛劳，在此我谨代表丛书编委会向他们一并表示谢忱。

王志庚

2014年3月初稿

2016年7月修订

编纂说明

《图书馆老照片》收录民国时期与图书馆有关的照片1000多幅，分建筑篇、人物篇、阅览篇和其他四部分，涵盖了国内200多个图书馆和国外30多个图书馆，不仅包括图书馆的建筑与内景照片，还包括图书馆人、读者、图书馆设备等方面的照片。其中重要的有丁丙、冯平山、韦棣华、戴志骞、洪有丰、袁同礼、杜定友、刘国钧等390余人的个人照片；各图书馆及图书馆学会合影146幅，如梁思庄等国立北平图书馆四职员参加图书馆年会合影、武昌文华图书馆学专科学校师生合影（多幅）、各地图书馆职员合影等。特别珍贵的照片还有当时国内外流动图书车、巡回图书馆的照片，如浙江流通图书馆自由车送书、北碚民众图书馆深入民间的巡回图书担等。本书的编纂费时两年，照片主要来源于国家图书馆所藏民国时期报纸、期刊和专著。每幅照片都标明出处，有的撰有简介。书后编有详细的索引。

关于编排体例，有以下需要说明：

（一）为尊重历史，图片名称和来源大多按原样著录，仅在原名不完整或过于冗长时予以适当补充或节略，文献来源的著录主要参照国家图书馆编目数据。

（二）按类编排，分建筑篇、人物篇、阅览篇和其他四部分。建筑篇下，再按图书馆所在地区排列；人物篇分为个人影像和机构人员合影两部分，个人影像部分依人名汉语拼音顺序排列，机构人员合影部分则依机构所在地区排列。同一类下同一馆的多张照片按发表时间先后顺序排列。

（三）地区依照《中国图书馆分类法》第5版的通用复分表之《中国地区表》排序。

（四）有些图书馆曾经搬迁导致地址有变化，为保证其信息的完整性，仍然归入其搬迁前的地区，不按搬迁后的地域归类。如，中央图书馆曾迁至重庆，但统一归于江苏省。

（五）少数具有一定代表性的老照片很难找到原始出处，故采用了新出版图书的照片，如中国第二历史档案馆编《中华民国历史图片档案》。

（六）为便于读者利用，编者在书后编有索引，按汉语拼音顺序排列，照片中涉及的人名、机构名等均可检索。

赵建爽

2019 年 10 月

目　录

壹　建筑篇

北京市

国立北平图书馆大门（宝华门）/2
国立北平图书馆全景 /3
国立北平图书馆大门 /4
北平市立第一普通图书馆重门 /5
北平市立第一普通图书馆大阅览室廊前 /6
通俗图书馆之正面 /7
松坡图书馆第一馆门临北海 /8
浴兰轩乾隆故行宫今为松坡图书馆藏书室 /9
松坡图书馆第一馆阅览室即澂观堂 /10
文渊阁 /11
故宫博物院图书馆正门 /12
故宫博物院图书馆阅览室 /13
故宫博物院图书馆善本书库 /14
故宫博物院图书馆殿本书库 /15
故宫博物院图书馆普通书库 /16
北平市第一社会教育区之民众教育馆 /17
北平私立木斋图书馆大门内 /18
国立北京大学图书馆 /19
国立北京大学图书馆中文书库 /20
国立北京大学图书馆 /21
国立北京大学图书馆外景 /22
国立北平大学法学院图书馆 /23
北平财政商业专科学校图书馆 /24
北平成达师范学校福德图书馆正面 /25

国立北平师范大学图书馆 /26
朝阳大学图书馆 /27
北平辅仁大学图书馆之一角 /28
北平辅仁大学女部图书馆 /29
华北大学图书馆外景 /30
交通大学北平铁道管理学院图书馆侧面立视影 /31
北京民国大学图书馆 /32
清华学校图书馆外观 /33
北平燕京大学图书馆之侧正面 /34
中法大学图书馆外观正面 /35
北平中国大学图书馆外观 /36
中国大学图书馆正面外观 /37
育英学校图书馆大门 /38
北平师大附属第一小学儿童图书馆 /39
北平近代科学图书馆正门 /40
北平近代科学图书馆阅览室之西侧面 /41

华北地区

天津市市立图书馆大门 /42
天津市市立第一通俗图书馆 /43
天津市市立第二通俗图书馆 /44
天津市市立第三通俗图书馆 /45
天津市市立第四通俗图书馆 /46
天津市市立第五通俗图书馆 /47
天津市市立第六通俗图书馆 /48
天津市市立第七通俗图书馆 /49
天津市市立七处通俗图书馆普通巡回文库书车 /50

天津北宁铁路公园图书馆 /51
十七日开幕之天津南开大学木斋图书馆 /52
河北省省立天津中学校图书馆 /53
宣化镇朔楼现改设为中山图书馆 /54
定县平民教育会图书馆 /55
河北省立师范学院图书馆新建筑正面 /56
山西省立民众教育馆馆门 /57
山西省立民众教育馆图书馆 /58
山西公立法政专门学校旧图书馆 /59
山西公立法政专门学校新图书馆 /60
山西铭贤学校图书馆全景 /61
绥远省立图书馆 /62

东北地区

东北大学图书馆 /63
东北大学未完成之图书馆大楼 /64
东北大学文法学院图书馆 /65
东北法学研究会图书馆之大门 /66
安东图书馆 /67
鞍山图书馆 /68
大连图书馆 /69
日本桥图书馆 /70
奉天图书馆 /71
奉天图书馆 /72
奉天八幡町图书馆 /73
抚顺图书馆 /74
开原图书馆 /75
辽阳图书馆 /76
瓦房店图书馆 /77
新京图书馆 /78
公主岭图书馆及社员俱乐部 /79
哈尔滨公共图书馆 /80
中东铁路局图书馆 /81
中东铁路局图书馆门前 /82

西北地区

[延安]中共图书馆 /83
宁夏省立图书馆 /84
青海图书馆 /85

华东地区

上海市立图书馆馆舍侧面 /86
上海市图书馆外景 /87
上海市图书馆门楼 /88
上海市图书馆全景 /89
中国国际图书馆（上海）杂志阅览室大门 /90
上海中国国际图书馆楼房全景 /91
海关图书馆侧面全景 /92
海关图书馆前景 /93
东方图书馆外部 /94
东方图书馆附设儿童图书馆外景 /95
淞沪战后闸北宝山路东方图书馆 /96
中国科学社明复图书馆 /97
中国科学社明复图书馆正面 /98
大夏大学图书馆 /99
上海复旦大学图书馆外景 /100
沪江大学图书馆 /101
国立暨南大学洪年图书馆大门 /102
南洋公学图书馆馆屋摄影 /103
交通大学图书馆 /104
上海圣约翰大学罗氏图书馆外景 /105
国立同济大学图书馆外观 /106
震旦大学新落成的图书馆 /107
中国公学图书馆 /108
新华艺术专科学校图书馆外景 /109
国立暨南大学附属中学图书馆 /110

国立山东大学图书馆外观 /111
济南师范学校图书馆 /112
济南齐鲁大学奥古士丁图书馆 /113
国立中央图书馆大门 /114
国立中央图书馆北城阅览室 /115
国立中央图书馆（重庆）/116
南京市立图书馆馆门及外景 /117
仙舟图书馆（南京）/118
金陵女子文理学院图书馆外景 /119
国立政治大学图书馆大楼 /120
国立中央大学国学图书馆大门 /121
国立中央大学图书馆 /122
中央军校图书馆（南京黄浦路）/123
江苏省立镇江图书馆全景 /124
国立江苏医学院图书馆 /125
江苏省立镇中图书馆 /126
江苏省立苏州图书馆门前风景 /127
江苏省立教育学院图书馆 /128
江苏苏中图书馆之一隅 /129
南通学院图书馆（学友会建赠）/130
江苏省立东海民众教育馆正门与出入口 /131
无锡图书馆摄影 /132
无锡国学专修学校新建图书馆 /133
安徽省立图书馆大门 /134
安徽省立图书馆之巡回文库 /135
天长县图书馆举行开馆典礼摄影（1923年7月20日）/136
浙江省立图书馆新民路分馆 /137
浙江省立图书馆西湖断桥流通图书部 /138
浙江省立图书馆馆舍：大学路总馆 /139
藏有四库全书之浙江省立图书馆孤山分馆及其书库 /140
浙江省立图书馆新民路分馆 /141

浙江省立民众教育馆图书馆馆舍 /142
浙江私立流通图书馆馆舍 /143
浙江省建设厅图书馆大门 /144
国立浙江大学工学院图书馆 /145
之江文理学院图书馆 /146
杭州笕桥中央航空学校（中国空军的摇篮地）图书馆外观 /147
浙江省立民众教育实验学校图书室 /148
杭州蕙兰中学图书馆 /149
浙江省长兴县立图书馆馆舍 /150
浙江省嘉善县立图书馆馆舍 /151
浙江鄞县县立图书馆馆舍外景 /152
浙江鄞县东钱湖图书馆馆舍 /153
旧温属联立图书馆馆舍 /154
江西省立图书馆同人摄影于旧馆阮楼 /155
江西省立图书馆 /156
江西私立天翼图书馆馆舍全景 /157
福建省立图书馆馆门 /158
长乐县立民众教育馆馆舍 /159
厦门大学图书馆 /160
福建私立集美学校图书馆 /161

中南地区

开封城把城楼改为中山图书馆 /162
河南大学图书馆一角 /163
湖北省立图书馆大门外景 /164
湖北省立图书馆书库外景 /165
武昌新建省立图书馆，不日即可全部落成 /166
文华公书林 /167
国立武汉大学图书馆正面 /168
华中大学图书馆 /169
湖北省立第一中学校图书馆 /170
湖南省立中山图书馆馆屋侧面图 /171

湖南南轩图书馆正面 /172
湖南大学图书馆全景 /173
广州市市立中山图书馆奠基石 /174
广州市市立中山图书馆正面图 /175
广州邓仲元图书馆 /176
广州民众教育馆 /177
国立中山大学图书馆总馆全景 /178
广州大学图书馆外景 /179
广州岭南大学图书馆外景 /180
广东省立勷勤大学商学院暂用图书馆 /181
广州培正中学图书馆全景 /182
景堂图书馆正门 /183
远望景堂图书馆全景 /184
广东台山中学之图书馆前门侧影 /185
广东高陂中学新建科学图书馆 /186
东莞博物图书馆正面 /187
香港大学冯平山图书馆外观 /188
南宁图书馆 /189
南宁民众教育馆 /190
广西大学图书馆 /191

西南地区
成都华西大学图书馆外观 /192
远望万县公立图书馆书库 /193
重庆大学图书馆 /194
四川省立教育学院图书馆 /195
重庆清华中学图书室 /196
重庆南开中学图书馆 /197
云南图书博物馆馆门 /198
云南省立昆华图书馆阅览室 /199

日内瓦中国图书馆及外国图书馆
日内瓦中国国际图书馆大门（一）/200
日内瓦中国国际图书馆大门（二）/201
新建之日内瓦中国国际图书馆 /202
日本帝国图书馆（国立图书馆）/203
日本东京市立日比谷图书馆 /204
日本京都图书馆全景 /205
日本大阪府立图书馆 /206
日本东京市立名古屋图书馆正面 /207
日本宫内省图书寮 /208
日本静嘉堂文库 /209
日本东洋文库 /210
日本东京帝国大学图书馆 /211
新加坡的赖佛尔博物馆及图书馆外景 /212
英国国立图书馆 /213
英国柏肯里德公共图书馆 /214
英国密德尔塞克斯乡镇图书馆 /215
在华盛顿议政厅前望国会图书馆之景 /216
美国国立图书馆 /217
纽约公立图书馆之外景 /218
纽约公立图书馆在西沃德（Seward）公园所立之分馆 /219
美国波士顿公共图书馆 /220
美国俄亥俄州阿伯伦学院（Oberlin College）图书馆 /221
美国哈佛大学图书馆 /222
美国哥伦比亚大学图书馆 /223
美国潘薛文尼亚大学图书室 /224
莫斯科列宁民众图书馆 /225
德国国立图书馆 /226
德意志威马尔之图书馆 /227
丹麦安徒生图书馆 /228
法国巴黎大学图书馆 /229

贰 人物篇

个人影像

鲍益清 /232
鲍振西 /232
鲍铮 /233
毕斗山 /233
卞鸿儒 /234
蔡葆真 /235
蔡元培 /235
曹根荪 /236
曹毓钧 /236
曹祖彬 /237
常子鉴 /237
陈宝衡 /238
陈伯逵 /238
陈长伟 /239
陈重寅 /239
陈东原 /240
陈独醒 /241
陈禼骥 /241
陈汉章 /242
陈鸿飞 /242
陈锦先 /243
陈其可 /243
陈启修 /244
陈然 /244
陈廷端 /245
陈熙汉 /245
陈训慈 /246
陈养吾 /247
陈永真 /247
陈赞垣 /248

陈作琛 /249
谌然模 /249
程沪生 /250
程乃猷 /250
程品生 /251
程其保 /252
程天固 /252
崔学忠 /253
崔盈科 /253
戴超 /254
戴淑庄 /254
戴祖荫 /255
刁世荣 /255
丁丙 /256
丁福保 /256
丁儒侯 /257
董明道 /257
杜定友 /258
杜士卓 /259
杜为惠 /259
范希曾 /260
方本仁 /260
方朝柱 /261
方克刚 /261
方寿青 /262
方锡唐 /262
冯陈祖怡 /263
冯汉骥 /263
冯平山 /264
甘药樵 /264
高渤云 /265
高峻 /265
高廷梓 /266

高艺林 /266
葛慰祖 /267
耿济安 /267
龚昆英 /268
龚子华 /268
巩子登 /269
顾天枢 /269
桂质柏 /270
郭秉文 /271
郭辅庭 /271
郭宗渊 /272
过懿瑾 /272
杭立武 /273
杭若兰 /273
杭震宇 /274
何承恩 /274
何葛民 /275
何日章 /275
何蕴秋 /276
何召南 /276
洪达 /277
洪有丰 /277
侯鸿鉴 /278
胡怀卿 /278
胡俊 /279
胡鸣盛 /279
胡千之 /280
胡少廷 /280
胡萧梧 /281
胡延泉 /281
胡正支 /282
虎臣 /282
华泽沅 /283

黄警顽 /283
黄郎若 /284
黄谦益 /284
黄望平 /285
黄维廉 /285
黄维荣 /286
黄文渊 /286
黄翼云 /287
黄豫才 /287
黄尊三 /288
霍怀恕 /288
贾麟炳 /289
塞季常 /289
江翰 /290
江俊甫 /290
姜亮夫 /291
姜世长 /291
蒋径三 /292
蒋希曾 /292
蒋一前 /293
蒋吟秋 /293
蒋元卿 /294
金翰宗 /294
金家菊 /295
金敏甫 /295
金云铭 /296
柯璜 /296
孔敏中 /297
黎德贞 /297
李宝勋 /298
李次民 /298
李大钊 /299
李菼 /299

李汉民 /300	柳诒徵 /320	秦光玉 /337	谭卓垣 /353
李寰 /300	龙云 /321	尚纯一 /338	汤梅荪（L. Thomason） /354
李明若 /301	卢木斋 /321	尚玉仲 /338	
李如桢 /301	卢章耀 /322	邵丙灏 /339	汤寿潜 /354
李小圃 /302	陆步洲 /322	邵作德（Emest T. Shaw） /339	汤用彤 /355
李小缘 /302	陆华深 /323		唐启宇 /355
李协勋 /303	陆世光 /323	沈静之 /340	陶小汕 /356
李学濂 /303	陆秀 /324	沈曼甸 /340	田洪都 /356
李燕亭 /304	陆幼刚 /324	沈文华 /341	佟恩焘 /357
李仪可 /304	路敏行 /325	沈孝祥 /341	童欲明 /357
李宜清 /305	吕绍虞 /325	沈翊华 /342	涂贤 /358
李钰荃 /306	吕子珍 /326	沈增庠 /342	屠诗聘 /358
李元腾 /306	罗光复 /326	沈子良 /343	万娴静 /359
李岳 /307	罗静轩 /327	盛际唐 /343	汪荫祖 /359
李钟履 /308	马宗荣 /328	施汝霖 /344	汪兆荣 /360
李曾璞 /308	罗淑勤 /328	施仲明 /344	王步鑫 /360
李钟乔 /309	毛汶 /329	石惠增 /345	王臣贵 /361
李钟瑞 /309	孟昭镕 /329	石少璞 /345	王福九 /361
梁启超 /310	缪荃孙 /330	石斯馨 /346	王皋栋 /362
梁瑞山 /311	莫国樑 /330	石锡璋 /346	王庚身 /362
梁兆澧 /311	南尚文 /331	史量才 /347	王宏谟 /363
林士美 /312	年景丰 /331	释太虚 /347	王季高 /363
林斯德 /312	钮志培 /332	宋春舫 /348	王景韩 /364
林云陔 /313	欧阳藻 /332	宋景祁 /348	王凯成 /364
林泽薇 /314	欧阳祖经 /333	孙缦云 /349	王凌云 /365
凌善安 /314	潘甫澄 /333	孙荣华 /349	王诺知 /365
刘福慧 /315	彭国元 /334	孙睿方 /350	王宪章 /366
刘复彭 /315	浦浩 /334	孙述万 /350	王献唐 /366
刘国钧 /316	浦漱石 /335	孙树庭 /351	王祥和 /367
刘华锦 /317	齐淑贤 /335	孙颂南 /351	王雪涛 /367
刘纪文 /318	钱寿椿 /336	孙心磐 /352	王瀣 /368
刘喜亭 /319	乔荣光 /336	孙玄龄 /352	王毓华 /368
刘祖仁 /319	乔钟楠 /337	孙豫甫 /353	王云五 /369

王正旺 /369	徐秀斌 /386	叶筠苍 /403	张远斋 /419
韦棣华（Mary Elizabeth Wood）/370	徐旭 /386	易铁夫 /403	张月如 /420
	徐致远 /387	由云龙 /404	张哲仁 /420
卫聚贤 /371	许德斋 /387	于炳照 /404	张宗湛 /421
魏烈尹 /371	许芳 /388	于熙俭 /405	章湘沅 /421
翁笑涛 /372	许育英 /388	于学思 /405	章新民 /422
乌芸辉 /372	许治玉 /389	余宝珍 /406	章篯 /422
乌泽声 /373	薛骏兴 /389	余超 /406	赵春絮 /423
吴庚鑫 /373	薛图南 /390	余孝存 /407	赵福来 /423
吴鸿藻 /374	严侗 /390	俞家齐 /407	赵鸿谦 /424
吴继先 /374	严屏江 /391	俞爽迷 /408	赵林秀 /424
吴谨心 /375	严文郁 /391	喻友信 /408	赵世英 /425
吴景贤 /375	严子言 /392	袁家齐 /409	赵树林 /425
吴盘 /376	阎廷扬 /392	袁同礼 /409	赵万里 /426
吴天植 /376	杨德衡 /393	袁燊 /410	赵筱梅 /426
吴文海 /377	杨殿甲 /393	昝元恺 /410	赵英 /427
吴文彧 /377	杨家骆 /394	臧家佑 /411	郑浩 /427
伍智梅 /378	杨见心 /394	张朝梁 /411	郑洪年 /428
奚萼铭 /378	杨践形 /395	张春祺 /412	钟发骏 /428
向达 /379	杨开殿 /395	张丹九 /412	周锐 /429
谢伯辉 /379	杨立诚 /396	张逢辰 /413	朱家治 /429
谢伯渊 /380	杨润宜 /397	张鸿逵 /413	朱金青 /430
谢大祉 /380	杨闻庠 /397	张玑 /414	朱康廷 /430
谢冠军 /381	杨先成 /398	张鉴 /414	朱励安 /431
谢翰藩 /381	杨元之 /398	张克成 /415	朱清华 /431
谢浚 /382	杨兆钧 /399	张圣诹 /415	朱宜左 /432
谢明章 /382	杨振华 /399	张舒懿 /416	朱宸 /432
邢国杰 /383	杨正一 /400	张澍 /416	朱英 /433
邢树屏 /383	姚大霖 /400	张庭衡 /417	朱增祥 /433
徐明 /384	姚文林 /401	张锡荣 /417	朱自清 /434
徐世南 /384	姚子素 /401	张星如 /418	庄敬伯 /434
徐庭达 /385	姚佐庆 /402	张玉琨 /418	庄芸 /435
徐信符 /385	叶跻卿 /402	张元贤 /419	

机构人员合影

全国性协会、会议

中华图书馆协会成立式全体摄影（1925年6月2日）/437

中华图书馆协会第一次图书馆暑期学校暨东大目录学班全体合影 /438

中华图书馆协会第一次年会开幕典礼 /439

中华图书馆协会第一次年会合影 /441

中华图书馆协会第二次年会开幕典礼 /442

北平各机关欢迎中华图书馆协会第二次年会会员茶会留影（1933年8月31日在迎宾馆前）/443

中华图书馆协会与中国博物馆协会联合年会（中华图书馆协会第三次年会大会）开幕全体合影 /444

中华图书馆协会第三次年会全体会员合影 /445

中华图书馆中国博物馆两协会在青岛举行年会（1936年7月20日）/446

北京市

中华教育改进社第一次年会图书馆教育组合影 /447

北京图书馆协会合影（1924年9月28日）/448

袁同礼等在北平图书馆欢宴法国文艺家爱理福赖鲁 /449

国立北平图书馆四职员参加图书馆年会 /450

北平特别市市立第一普通图书馆全体职员摄影（1930年3月9日）/451

北平第一普通图书馆周年纪念（1930年3月26日摄影）/452

北平市立第一普通图书馆全体职员合影 /453

北平市立图书馆学讲习班刊物编辑委员会合影 /454

松坡图书馆第一次大会同人在快雪堂石屏前合影（1924年5月18日）/455

北平私立木斋图书馆董事会合影（1936年10月18日）/456

北平私立木斋图书馆开幕纪念（1936年10月18日）/457

国立北京大学图书部欢送文华图书科陶周徐吴四君摄影（1929年9月1日）/458

北平成达师范学校福德图书馆筹备委员会成立纪念（1936年9月22日）/459

北京高师新图书馆落成纪念 /460

国立北平师范大学图书馆出纳处 /461

国立北平师范大学图书馆编目室 /462

国立交通大学北平铁道管理学院图书馆职员 /463

国立清华大学图书馆职员合影 /464

清华图书馆职员合影，该照片拍摄于图书馆大门口 /465

北平私立燕京大学图书馆职员合影（1928年）/466

北平私立燕京大学图书馆职员合影（1929年）/467

北平私立燕京大学图书馆职员合影 /468

中国大学图书馆书库 /469

育英中学图书馆全体人员 /470

育英中学图书馆办公人员 /471

育英中学图书馆全体职员 /472

华北地区

天津市市立通俗图书馆编辑委员会全体职员摄影（1934年3月）/473

天津市立图书馆全体职员 /474

山西省立民众教育馆全体职员合影 /475

山西太原图书馆之四位矮小招待员 /476

大同县公立图书馆成立大会留影（1934年10月1日）/477

大同县公立图书馆筹备委员会同人合影 /478

东北地区

辽宁省立图书馆全体职员 /479

华东地区

上海图书馆协会第五次年会全体摄影（1929年3月）/480

上海图书馆协会欢迎鲍士伟博士译员莅沪纪念（1925年4月26日）/481

上海图书馆协会欢迎各省出席中华图书馆协会年会代表摄影（1929年2月4日）/482

上海徐家汇藏书楼内景及工作人员 /483

上海中国国际图书馆举行图书展览会并会同各文化机关欢迎马丁教授演讲摄影（1933年6月）/484

上海中国国际图书馆及世界文化合作中国协会建筑奠基典礼（1934年3月11日）/486

中国国际图书馆主席团世界文化合作中国协会在沪联席会议摄影（1934年4月）/487

日内瓦之中国艺术展览会：中国国际图书馆理事会主席李石曾（右一）与馆长胡天石博士及胡夫人尚石博士摄于日内瓦中国国际图书馆前 /488

上海图书学校工读生在上海中国国际图书馆工作情形 /489

驻俄大使颜惠庆七月九日游日内瓦至中国国际图书馆参观，与馆长胡天石（中坐者）、胡世泽（右坐者）合影 /490

东方图书馆全体职员摄影 /491

东方图书馆被毁后，国联调查团于1932年3月21日参观的情形 /492

东方图书馆接受德国赠送书籍 /493

东方图书馆接受法国赠书典礼 /494

商务印书馆暑期图书馆讲习班摄影 /495

中国科学社明复图书馆（上海）开幕礼中蔡元培致辞 /496

中国科学社在上海新建图书馆落成典礼 /497

杜威博士及夫人参观上海申报馆 /498

申报流通图书馆合影 /499

申报流通图书馆办公室之流通部 /500

申报流通图书馆办公室之读书指导部 /501

大夏大学图书馆全体职员 /502

光华大学图书馆管理员合影 /503

上海交通大学学生自治会平民学校及通俗图书馆全体合影 /504

上海民立中学校图书馆办公室摄影 /505

上海清心中学癸酉级图书馆学班全体摄影（1930年2月）/506

上海中学图书馆学班全体摄影（1930年2月）/507

山东省立图书馆全馆同人摄影 /508

国立山东大学图书馆职员合影 /509

南京图书馆协会全体摄影（1930年1月）/510

全国图书馆协会代表招待德国国际出版品交换局代表摄影（1929年1月）/511

汪伪时期的中央图书馆年刊编辑委员会全体摄影 /512

汪伪时期的中央图书馆全体职员摄影 /513

南京特别市市立图书馆筹备处职员摄影 /514

南京市市立第一通俗图书馆职员工作情况 /515

仙舟合作图书馆开幕摄影（1934年10月7日）/516

江苏省立苏州图书馆同人合影（1936年春）/517

苏州图书馆全体馆员合影 /518

江苏省立国学图书馆同人合影 /519

江苏省立国学图书馆全体同人摄影 /520

中央大学国学图书馆职员全体摄影 /521

中央大学区立通俗教育馆图书部儿童读书会摄影（1928年11月）/522

江苏省立南京民教馆图书部同人摄影（1931年4月）/523

南京大中桥通俗教育馆图书部妇女读书会会员 /524

南京大中桥通俗教育馆图书部学术研究会会员 /525

江苏省立汤山农民教育馆全体职员 /526

江苏省立镇江民众教育馆全体职员摄影 /527

江苏省立镇江民众教育馆研究辅导部职员全体摄影 /528

金陵大学图书馆学班全体摄影（1929年12月）/529

东南大学孟芳图书馆立础典礼摄影 /530

东南大学孟芳图书馆全体职员摄影 /531

无锡县图书馆开幕纪念（1915年元旦）/532

宜兴县立公共图书馆全体职员摄影 /533

安徽省立图书馆主办之教育学读者会全体摄影 /534

安徽省立图书馆全体职员摄影（1936年）/535

杭州图书馆协会欢迎中华图书馆协会监察委员会摄影（1929年7月22日）/536

浙江省立图书馆及印行所全体职员摄影 /538

浙江省立图书馆流通图书研究会摄影 /540

浙江省立图书馆铅印部开幕典礼摄影 /541

浙江省立图书馆全体职员摄影 /542

浙江流通图书馆自由车送书摄影 /543

江西省立图书馆同人摄影于旧馆阮楼 /544

福建图书馆协会开幕并委员就职典礼摄影（1929年9月）/545

福建建瓯县公立图书馆全体职员摄影 /546

福建建瓯县公立图书馆十周年纪念大会摄影 /547

福建建瓯县公立图书馆儿童阅书会成立会全体摄影 /548

建瓯县公立图书馆藏书室之一 /549

中南地区

河南省图书馆同人，1933年合影纪念 /550

湖北省立图书馆全体职员摄影（1929年）/551

其乐融融：武昌女青年会会长沈祖荣夫人的家庭 /552

武昌文华图书馆学专科学校本科毕业生合影（1930年）/553

武昌文华图书科季刊社全体职员摄影（1931年3月12日）/554

武昌文华图书馆学专科学校师生全体合影（1931年5月）/555

韦棣华女士逝世一周年纪念摄影（1932年5月1日）/556

武昌文华图书馆学专科学校师生全体合影（1932年3月）/557

武昌文华图书馆学专科学校学生服务组（1933年5月20日）/558

武昌文华图书馆学专科学校全体师生合影（1934年3月）/559

武昌文华图书馆学专科学校师生摄影（1934年11月）/560

武昌文华图书馆学专科学校师生合影纪念（1935年11月21日）/561

武昌文华图书馆学专科学校参加中华图书馆协会第三次年会同学欢迎沈祖荣校长一家（1936年7月20日）/562

武昌文华图书馆学专科学校师生摄影（1936年10月22日）/563

武昌文华图书馆学专科学校上海同学会全体会员合影 /564

武昌文华图书馆学专科学校武汉同学会全体会员合影 /565

武昌文华图书馆学专科学校学生实习情形一 /566

武昌文华图书馆学专科学校学生实习情形二 /567

武昌文华图书馆学专科学校本年度讲习班毕业生（1937年）/568

武昌文华图书馆学专科学校本年度专科班毕业生（1937年）/569

世界佛学苑图书馆开幕摄影（1932年9月25日）/570

世界佛学苑图书馆全体馆员摄影（1932年9月26日）/571

世界佛学苑图书馆全体馆员（1934年5月）/572

湖南省立中山图书馆同人摄于馆园（1929年4月）/573

南社同人雅集南轩图书馆摄影（1934年）/574

湖南私立南轩图书馆董事会全体摄影（1934年）/575

国立中山大学图书馆全体职员摄影（1935年8月）/576

国立中山大学图书馆编目室 /577

国立中山大学图书馆编目部 /578

培正中学图书馆职员合影（1933年）/579

培正中学图书馆全体职员 /580

培正中学图书馆同人摄影（1936年6月）/581

西南地区

北碚民众图书馆工作人员在整理巡回文库 /582

北碚民众图书馆典藏室工作人员取书的情形 /583

万县公立图书馆书库一角及出纳台 /584

云南图书博物馆职员摄影 /585

云南省立昆华图书馆全体职员合影（1937年）/586

叁 阅览篇

北京市

新落成的国立北平图书馆杂志阅览室（可以容纳66人）/588

新落成的国立北平图书馆大阅览室（可容纳200人）/589

国立北平图书馆阅读室一角 /590

国立北平图书馆善本阅览室 /591

北平特别市市立第一普通图书馆公众阅览室（一）/592

北平特别市市立第一普通图书馆公众阅览室（二）/593

北平特别市市立第一普通图书馆儿童阅览室 /594

北平市立第一普通图书馆大阅览室（公众阅览室）/595

北平市立第一普通图书馆新闻阅览室 /596

京兆公园通俗图书馆内部 /597

松坡图书馆第一馆阅览室内部 /598

松坡图书馆阅览室 /599

民众教育馆之图书阅览室 /600

北平私立木斋图书馆阅览室之一角 /601

北平近代科学图书馆新闻阅览室 /602

北平近代科学图书馆阅览室 /603

国立北京大学图书馆洋文书库 /604

国立北京大学第二院阅览室内景 /605

国立北京大学图书馆中文阅览室 /606

国立北京大学图书馆西文阅览室 /607

国立北京大学图书馆期刊阅览室 /608

国立北京大学图书馆杂志书籍参考室 /609

北京高师新图书馆阅览室 /610

国立北平师范大学图书馆阅览室 /611

北平辅仁大学图书馆内景 /612

北平辅仁大学女部图书馆阅览室 /613

华北大学图书馆阅览室之一 /614

华北大学图书馆阅览室之二 /615

交通大学北平铁道管理学院图书馆阅览室之一部 /616

民国大学图书馆阅览室 /617

清华学校图书馆（其一）/618

清华学校图书馆（其二）/619

清华学校图书馆阅览室 /620

国立清华大学图书馆阅览室 /621

国立清华大学图书馆开矿情形一 /622

国立清华大学图书馆开矿情形二 /623

国立清华大学土木工程学系杂志阅览室 /624

国立清华大学图书馆书库 /625

国立清华大学图书馆出纳图书证 /626

北平燕京大学图书馆内观 /627

中法大学图书馆初创时期留影 /628

中法大学图书馆阅览室 /629

中国学院图书馆阅览室 /630

中国大学图书馆内景 /631

新民学院图书馆（北平）/632

铁路专科学校图书馆阅览室 /633

北京汇文学校图书室阅书处一角 /634

育英学校图书馆出纳室一隅 /635

北平育英中学图书馆阅览室的情形 /636

北京高师附属小学图书馆内儿童阅览情形 /637

国立北平师大附属第一小学的学生们到儿童图书馆去的情形 /638

华北地区

天津市立图书馆图书阅览室之出纳台 /639

天津市立图书馆新闻阅览室之一隅 /640

天津市立图书馆儿童游艺室 /641

天津市立图书馆儿童阅览室之一隅 /642

北洋大学图书馆 /643

天津南开大学木斋图书馆内部 /644

河北省省立天津中学校图书阅览室 /645

天津中西女学图书馆之一隅 /646

天津大伙巷儿童图书馆里，孩子们正在阅读 /647

天津大伙巷儿童图书馆出纳台前领书的情形 /648

天津鼓楼西儿童图书馆取书时的情形 /649

农民设立的经济图书馆（中华平民教育促进会定县实验区）/650

露天图书馆（图书担开放的情形）/651

河北省立师范学院图书馆新建筑——阅览室 /652

河北省立女子师范学院图书馆师中部阅览室 /653

保定培德中学图书馆之一隅 /654

山西大同县公立图书馆阅览室阅书情形 /655

山西大同县公立图书馆阅览室阅报情形 /656

山西省立民众教育馆图书阅览室 /657

山西省立民众教育馆儿童图书阅览室一角 /658

山西省立民众教育馆报志阅览室内部之一 /659

山西公立法政专门学校新图书馆阅书室之一 /660

山西铭贤学校图书馆新闻阅览室 /661

东北地区

辽宁省立图书馆普通阅览室 /662

东北大学图书馆内景之一 /663

西北地区

陕西省立第一民教馆儿童阅览室内自由阅读的儿童 /664

陕西省立第七师范学校阅览室 /665

华东地区

上海市立图书馆杂志阅览处 /666
上海市立图书馆阅览室 /667
上海市图书馆图书阅览室 /668
上海市图书馆杂志阅览室（一）/669
上海市图书馆杂志阅览室（二）/670
上海市立图书馆儿童图书室阅书情形 /671
上海市图书馆儿童阅览室阅读情形 /672
上海中国国际图书馆杂志阅览室内部 /673
上海中国国际图书馆第一阅览室 /674
上海中国国际图书馆第二阅览室 /675
海关图书馆阅览室 /676
上海东方图书馆附设儿童图书馆内部 /677
京沪区铁路管理局图书馆阅览室一角 /678
京沪区铁路管理局图书馆"巡回文库"箱，可供沿线员工阅览 /679
上海法租界市政图书馆 /680
上海平民村内的图书馆，供渴求知识之大众阅览 /681
上海市博物馆图书阅览室 /682
上海总商会商业图书馆 /683
上海总商会商业图书馆阅书室之一 /684
上海商会商业图书馆借书处与编目室 /685
中华化学工业会图书馆 /686
上海市立民众教育馆儿童阅览室内儿童专心阅书的情景 /687
[江苏省]金山县民众教育馆阅报室 /688
申报流通图书馆阅览室之一角 /689
大夏大学图书馆阅览室 /690
大夏大学图书馆杂志室 /691
大夏大学图书馆参考阅览室 /692
大夏大学图书馆普通阅览室 /693
复旦大学辅庭图书室 /694
复旦大学阅书室 /695
光华大学图书馆阅览室 /696
交通部吴淞商船专科学校图书室 /697
上海法政大学图书阅览室 /698
上海法政大学图书馆：阅览室 /699
上海美术专科学校图书馆阅览室 /700
上海美术专科学校图书馆杂志阅览处 /701
国立上海商学院图书馆阅书室 /702
国立同济大学图书馆阅览室 /703
国立同济大学图书馆阅报室 /704
国立同济大学图书馆杂志阅览室 /705
震旦大学图书馆学生阅览室 /706
震旦大学图书馆公众阅览室 /707
震旦大学图书馆目录室 /708
光华大学附属中学图书阅览室 /709
上海民立中学校图书馆借发处（1925年7月7日）/710
上海市立儿童图书馆阅书室情形（设于上海闸北和安小学）/711
儿童图书馆巡回图书车 /712
尚公学校尚公市之儿童图书馆 /713
山东省立图书馆普通图书阅览室一角 /714
国立山东大学图书馆图书阅览室 /715
青岛褐木庐戏剧图书馆 /716
国立中央图书馆阅览室 /717
国立中央图书馆白沙民众阅览室 /718
南京市市立第一通俗图书馆民众阅览报章的情况 /719
南京市市立第一通俗图书馆儿童阅览图书的情况 /720
江苏省教育厅图书馆阅报的情形 /721

行政院图书馆阅览室 /722
江苏省立汤山农民教育馆书报阅览室之一隅 /723
江苏第一女子师范学校图书馆第二室 /724
金陵女子文理学院旧图书馆 /725
中央大学国学图书馆阅书室 /726
中央大学区通俗教育馆图书部流动书车巡回情形 /727
国立中央大学图书馆大阅览厅之一 /728
国立中央大学图书馆期刊阅览厅 /729
金陵中学图书馆阅览室 /730
国立中央大学实验学校高级部的学级文库 /731
江苏省立镇江图书馆阅览室 /732
江苏省立镇江图书馆参考室 /733
江苏省立镇江图书馆杂志室 /734
中央大学区立苏州图书馆阅书室 /735
江苏省立扬州中学图书馆之一角 /736
江苏省立东海民众教育馆图书阅览室 /737
无锡县图书馆阅报室 /738
宜兴县立公共图书馆普通阅览室 /739
宜兴县立公共图书馆儿童阅览室 /740
江苏省立教育学院无锡江阴巷实验民众图书馆之阅报室 /741
江苏省立教育学院南门实验民众教育馆成人阅览室 /742
江苏省立教育学院南门实验民众教育馆儿童阅览室 /743
江苏省立教育学院南门实验民众教育馆民众茶园阅书报处 /744
江苏省立教育学院民众教育馆之新工具，宣传车送书的情形 /745
江苏省立教育学院流动书车 /746
中华民国识字国民证书 /747
中央大学区立民众教育院劳农学院图书馆阅览室 /748
汪伪时期的"国立模范中学"图书馆阅书情形 /749
安徽省立图书馆普通阅览室 /750
安徽省立图书馆杂志参考室 /751
安徽省立图书馆儿童阅览室 /752
安徽大学图书馆内景 /753
浙江省立图书馆阅报室 /754
浙江省立图书馆阅书室 /755
浙江省立图书馆掌书处 /756
浙江省立民众教育馆图书馆阅览室 /757
国立浙江大学图书馆阅书室 /758
浙江省两浙盐务中学图书馆阅览室 /759
浙江常山县立民众教育馆通俗阅览室 /760
浙江省海盐县立图书馆阅览室 /761
浙江兰溪绳武小学之级图书馆 /762
福建省立图书馆普通阅览室 /763
福建省立图书馆杂志阅览室 /764
福建省立图书馆阅报室 /765
福建省立图书馆儿童阅览室 /766
建瓯公立图书馆阅报室 /767
福建私立集美学校图书馆阅览室 /768
厦门大学图书馆阅览室 /769
厦门大学图书馆杂志室 /770
学海书院图书馆阅览室出纳部 /771
学海书院图书馆阅览室西文部 /772

中南地区

湖北省立图书馆图书阅览室外景 /773
湖北省立图书馆儿童阅览室 /774
国立武汉大学图书馆阅览室正面 /775
国立武汉大学图书阅览室 /776
国立武汉大学图书馆期刊阅览室 /777

武昌中华大学图书馆之一 /778
湖南省立中山图书馆阅书室阅书情形 /779
湖南私立南轩图书馆阅览室之一 /780
湖南大学图书馆阅书室 /781
湖南大学图书馆阅书室 /782
广州市市立中山图书馆普通阅览室 /783
国立中山大学图书馆阅览室（杂志之部）/784
国立中山大学图书馆阅览室（旧杂志之部）/785
国立中山大学图书馆阅览室（报纸之部）/786
国立中山大学图书馆阅览室（参考书之部）/787
广州大学图书馆阅览室之一部 /788
广东国民大学图书馆阅书室 /789
广州岭南大学图书馆之内观 /790
私立广东光华医科学院图书馆之一角 /791
广州培正中学图书馆第一分馆 /792
广州培正中学图书馆杂志阅览室 /793
景堂图书馆阅报纸杂志室内部 /794
景堂图书馆阅书室内部 /795
景堂图书馆儿童室 /796
东莞博物图书馆阅览室 /797
广西大学图书馆借书室 /798
广西大学图书馆阅报室 /799

西南地区

成都华西大学图书馆阅览室 /800
北碚民众图书馆普通阅览室一角 /801
北碚民众图书馆深入民间的巡回图书担 /802
万县公立图书馆阅览室之一隅 /803
万县县立民众教育总馆阅报室 /804
重庆大学图书馆阅览室之一 /805
云南大学图书馆阅览室 /806
日内瓦中国国际图书馆阅书室正面 /807
日内瓦中国国际图书馆阅书室之二 /808
日内瓦中国国际图书馆报纸杂志室 /809
日本东京市立日比谷图书馆普通阅览室 /810
日本东京市立日比谷图书馆儿童室 /811
暹罗他巢华侨启明学校图书馆（一）/812
暹罗他巢华侨启明学校图书馆（二）/813
印度马特拉斯青年会学院图书馆 /814
苏联库士聂茨钢铁工厂文化宫的阅览室 /815
大英博物院阅览室 /816
伦敦图书馆阅览室 /817
英国王室图书馆 /818
英国韦斯明斯忒中央图书馆出纳台 /819
伦敦圣班克拉斯的巡回图书馆 /820
英国兰开县乡镇图书馆松吞分馆儿童阅览室 /821
英国赫累福德礼拜堂之锁链图书馆 /822
英国全国书籍协会主办的儿童书籍周，在圣班克拉斯公共图书馆阅览的儿童们 /823
剑桥大学图书馆阅览室 /824
纽约公立图书馆之大参考阅书室 /825
纽约公立图书馆之成人流通部 /826
纽约公共图书馆之阅书室 /827
林肯学校图书馆 /828
芝加哥大学实验小学儿童自由阅读之情况 /829

肆　其　他

国立北平图书馆目录室及图书收发柜，设置的运输机可自动直达书库柜 /832
北平市第一社会教育区民众教育馆之流动图书车 /833
国立北平师范大学图书馆杂志陈列处 /834
天津市立图书馆图书阅览室之目录箱 /835
天津市立图书馆新闻阅览室的阅报台 /836

天津市立图书馆新闻阅览室之报架 /837

上海市图书馆目录柜 /838

民众教育馆之一新工具，宣传车出发时之情形 /839

景堂图书馆报纸架 /840

景堂图书馆字典架 /841

景堂图书馆借书券箱 /842

罗马尼亚克吕其大学图书馆之送书机 /843

民众图书馆设施一斑：丹麦之流动书车 /844

图书巡回车 /845

美国波士顿州公共图书馆巡游图书馆 /846

索引 /847

建筑篇

壹

图书馆老照片

國立北平圖書館大門（寶華門）

国立北平图书馆大门（宝华门）

出自：[国立北平图书馆]编. 国立北平图书馆概况.
[北平]：[国立北平图书馆]，1929

| 建筑篇 |

国立北平图书馆全景

出自：伍联德主编；陆上之英文编辑；梁得所等摄影. 中华景象：中英文对照[摄影集]. 上海：良友图书印刷有限公司，1934

图书馆老照片

国立北平图书馆大门

出自：良友，1936（118）

| 建筑篇 |

北平市立第一普通图书馆重门

出自：北平市立第一普通图书馆编. 北平市立第一普通图书馆概况. [北平]：[北平市立第一普通图书馆]，[1936]

北平市立第一普通图书馆大阅览室廊前

出自：北平市立第一普通图书馆编. 北平市立第一普通图书馆概况. [北平]：[北平市立第一普通图书馆], [1936]

| 建筑篇 |

通俗图书馆之正面

该馆位于京兆公园（即地坛）内。

出自：刘骥著.京兆公园纪实.[出版者不详]，1925

图书馆老照片

松坡图书馆第一馆门临北海

出自：[松坡图书馆]编.松坡图书馆募捐启.[北平]：[松坡图书馆]，1925

| 建筑篇 |

浴兰轩乾隆故行宫今为松坡图书馆藏书室

出自：[松坡图书馆]编. 松坡图书馆募捐启. [北平]：[松坡图书馆]，1925

松坡图书馆第一馆阅览室即澂观堂

出自:[松坡图书馆]编.松坡图书馆募捐启.[北平]:[松坡图书馆],1925

| 建筑篇 |

文渊阁

出自：北京内务部总务厅统计科编. 内务公报. 北京：内务部总务厅[发行]，1914（7）

图书馆老照片

故宫博物院图书馆正门

出自：[北平故宫博物院图书馆]编. 北平故宫博物院图书馆概况. [北平]：[北平故宫博物院图书馆], 1931

| 建筑篇 |

故宫博物院图书馆阅览室

出自：[故宫博物院图书馆]编.国立北平故宫博物院图书馆概况.[北平]：[故宫博物院图书馆]，1936

图书馆 老照片

故宫博物院图书馆善本书库

出自：[故宫博物院图书馆]编.国立北平故宫博物院图书馆概况.[北平]：[故宫博物院图书馆]，1936

|建筑篇

故宫博物院图书馆殿本书库

出自:[故宫博物院图书馆]编.国立北平故宫博物院图书馆概况.[北平]:[故宫博物院图书馆],1936

图书馆老照片

故宫博物院图书馆普通书库

出自：[故宫博物院图书馆]编. 国立北平故宫博物院图书馆概况. [北平]：[故宫博物院图书馆]，1936

| 建筑篇 |

北平市第一社会教育区之民众教育馆

出自：时代教育，1934，2（3）：65

图书馆老照片

北平私立木斋图书馆大门内

出自：北平私立木斋图书馆季刊，1937（2）

| 建筑篇 |

国立北京大学图书馆

出自：国立北京大学编. 国立北京大学廿周年纪念册. 北京：国立北京大学，[1918]

图书馆老照片

国立北京大学图书馆中文书库

出自：国立北京大学编. 国立北京大学廿周年纪念册. 北京：国立北京大学，[1918]

|建筑篇|

国立北京大学图书馆

出自:伍联德主编;陆上之英文编辑;梁得所等摄影.中华景象:中英文对照[摄影集].上海:良友图书印刷有限公司,1934:201

21

图书馆老照片

国立北京大学图书馆外景

出自：[国立北京大学图书馆]编. 国立北京大学图书馆概况. [北平]：[国立北京大学图书馆]，[1936]

国立北平大学法学院图书馆

出自：国立北平大学法学院编. 国立北平大学法学院第六届毕业同学录. 北平：国立北平大学法学院，民国廿三年 [1934]

图书馆老照片

北平财政商业专科学校图书馆

出自：财政商业专科学校，才正高级商职学校年刊委员会编.财政商业专科学校、才正高级商职学校年刊.北平：财政商业专科学校；才正高级商职学校年刊委员会，1936

|建筑篇|

北平成达师范学校福德图书馆正面

出自：成师校刊，1936，3（19）

图书馆老照片

国立北平师范大学图书馆

出自：国立北平师范大学图书课、出版课编. 国立北平师范大学图书馆概况. [北平]：国立北平师范大学图书课、出版课，[1933]

| 建筑篇 |

朝阳大学图书馆

出自：北京朝阳大学编.朝阳大学概览：民国十五年度.北京：朝阳大学，1926

图书馆老照片

北平辅仁大学图书馆之一角

出自：大众画报，1934（10）

| 建筑篇 |

北平辅仁大学女部图书馆

出自：辅仁大学编.辅仁大学年刊：一九四二年.北平：辅仁大学，1942

图书馆老照片

华北大学图书馆外景

出自：华北大学编. 华北大学概览：
二十四年度. 北平：华北大学，[1936]

| 建筑篇 |

交通大学北平铁道管理学院图书馆侧面立视影
出自：[交通大学北平铁道管理学院图书馆]编.交通大学北平铁道管理学院图书馆概况.[北平]：[交通大学北平铁道管理学院图书馆]，[1937]

图书馆老照片

北京民国大学图书馆

出自：[北京民国大学图书馆] 编. 北京民国大学图书馆概要. 北京：[北京民国大学图书馆]，1925

|建筑篇|

清华学校图书馆外观

出自：查修等编.清华学校图书馆中文书籍目录.北京：清华学校图书馆，1927

图书馆老照片

北平燕京大学图书馆之侧正面

出自：[著者不详]. 燕京大学. 北京：燕京大学，1927

| 建筑篇 |

中法大学图书馆外观正面

出自：中法大学图书馆编. 中法大学图书馆概况. 北平：中法大学图书馆，[1933]：3

图书馆老照片

北平中国大学图书馆外观

出自：中国大学己巳毕业同学录筹备会编. 北平中国大学毕业同学录. 北平：中国大学己巳毕业同学录筹备会，1929

|建筑篇|

中国大学图书馆正面外观

出自：中国大学编. 一九三六年之北平中大.
北平：中国大学，[1936]

图书馆老照片

育英学校图书馆大门

出自：育英学校图书馆指南. 北平：[育英学校]，[1935]

| 建筑篇 |

北平师大附属第一小学儿童图书馆

出自：良友，1936（123）

图书馆老照片

北平近代科学图书馆正门

出自：北平近代科学图书馆馆刊，1937（创刊号）

| 建筑篇 |

北平近代科学图书馆阅览室之西侧面

其后者为书库。

出自：北平近代科学图书馆馆刊，1937（创刊号）

图书馆老照片

天津市市立图书馆大门

出自：天津市市立图书馆编. 天津市市立图书馆概况. [天津]：天津市市立图书馆，[1936]：1

| 建筑篇 |

天津市市立第一通俗图书馆

出自:天津市市立通俗图书馆月刊,1935,2(1)

图书馆老照片

天津市市立第二通俗图书馆

出自：天津市市立通俗图书馆月刊，1935，2(1)

天津市市立第三通俗图书馆

出自：天津市市立通俗图书馆月刊，1935，2（1）

图书馆老照片

天津市市立第四通俗图书馆

出自：天津市市立通俗图书馆月刊，1935，2（1）

天津市市立第五通俗图书馆

出自：天津市市立通俗图书馆月刊，1935，2（1）

图书馆老照片

天津市市立第六通俗图书馆

出自：天津市市立通俗图书馆月刊，1935，2（1）

天津市市立第七通俗图书馆

出自：天津市市立通俗图书馆月刊，1935，2（1）

图书馆老照片

天津市市立七处通俗图书馆普通巡回文库书车

出自：天津市市立通俗图书馆月刊，1935，(7、8、9合刊)

| 建筑篇 |

天津北宁铁路公园图书馆

出自：国闻周报，1932，9（26）

图书馆老照片

十七日开幕之天津南开大学木斋图书馆

出自:北洋画报,1928(233):2

| 建筑篇 |

河北省省立天津中学校图书馆

出自：河北省省立天津中学校编. 河北省省立天津中学校一览. 天津：河北省省立天津中学校，1936

图书馆老照片

宣化镇朔楼现改设为中山图书馆

出自：西北论衡，1935（18）

|建筑篇|

定县平民教育会图书馆

出自：伍联德主编；陆上之英文编辑；梁得所等摄影. 中华景象：中英文对照[摄影集]. 上海：良友图书印刷有限公司，1934：216

图书馆老照片

河北省立师范学院图书馆新建筑正面

出自：图书馆学季刊，1934，8（1）

山西省立民众教育馆馆门

出自：山西省立民众教育馆编.山西省立民众教育馆三周年刊：民国二十五年.太原：山西省立民众教育馆，1936

图书馆老照片

山西省立民众教育馆图书馆
出自：山西省立民众教育馆编.山西省立民众教育馆三周年刊：民国二十五年.太原：山西省立民众教育馆，1936

|建筑篇|

山西公立法政专门学校旧图书馆

出自：山西公立法政专门学校暨山西省立法学院校友会编.山西公立法政专门学校暨山西省立法学院校友会成立一周年纪念母校特刊.太原：山西公立法政专门学校暨山西省立法学院校友会，1935

图书馆老照片

山西公立法政专门学校新图书馆

出自：山西公立法政专门学校暨山西省立法学院校友会编. 山西公立法政专门学校暨山西省立法学院校友会成立一周年纪念母校特刊. 太原：山西公立法政专门学校暨山西省立法学院校友会，1935

| 建筑篇 |

山西铭贤学校图书馆全景

出自：李钟履著. 山西铭贤学校图书馆概况.
[北京]：中华图书馆协会，[19--]

绥远省立图书馆

创于民国廿四年（1935），内存书 17456 卷。

出自： 良友，1936（119）：37

| 建筑篇 |

东北大学图书馆

出自：东北大学编. 东北大学一览. 沈阳：
东北大学，1936

图书馆老照片

东北大学未完成之图书馆大楼
出自：东北大学编. 东北大学廿五年班毕业纪念册. [出版地不详]: 东北大学，1936: 33

| 建筑篇 |

东北大学文法学院图书馆

出自：东北大学年鉴委员会编. 东北大学年鉴. 沈阳：东北大学年鉴委员会，1929

图书馆老照片

东北法学研究会图书馆之大门

出自：北洋画报，1930（506）：2

| 建筑篇 |

安东[1]图书馆

出自：南满洲铁道株式会社总裁
室地方部残务整理委员会著. 满铁
附属地经营沿革全史. 下卷. 大连：
南满洲铁道株式会社，1939

①安东是丹东的旧称。

图书馆老照片

鞍山图书馆

出自：南满洲铁道株式会社总裁室地方部残务整理委员会著. 满铁附属地经营沿革全史. 中卷. 大连：南满洲铁道株式会社，1939

| 建筑篇

大连图书馆

出自：南满洲铁道株式会社总裁室地方部残务整理委员会著. 满铁附属地经营沿革全史. 上卷. 大连：南满洲铁道株式会社, 1939

图书馆老照片

日本桥图书馆

出自：井上谦三郎编. 大连市史. 大连：大连市役所，1936：134

|建筑篇|

奉天图书馆

出自:南满洲铁道株式会社总务部庶务课[编].满洲概观:2595年版.[大连]:南满洲铁道,1935:38

图书馆老照片

奉天图书馆

出自：南满洲铁道株式会社总裁室地方部残务整理委员会著. 满铁附属地经营沿革全史. 中卷. 大连：南满洲铁道株式会社，1939

| 建筑篇 |

奉天八幡町图书馆

出自：南满洲铁道株式会社总裁室地方部残务整理委员会著. 满铁附属地经营沿革全史. 中卷. 大连：南满洲铁道株式会社，1939

图书馆老照片

抚顺图书馆

出自:南满洲铁道株式会社总裁室地方部残务整理委员会著.满铁附属地经营沿革全史.下卷.大连:南满洲铁道株式会社,1939

| 建筑篇 |

开原图书馆

出自：南满洲铁道株式会社总裁室地方部残务整理委员会著.满铁附属地经营沿革全史.下卷.大连：南满洲铁道株式会社，1939

图书馆老照片

辽阳图书馆

出自：南满洲铁道株式会社总裁室地方部残务整理委员会著. 满铁附属地经营沿革全史. 中卷. 大连：南满洲铁道株式会社，1939

| 建筑篇

瓦房店图书馆

出自：南满洲铁道株式会社总裁室地方部残务整理委员会著. 满铁附属地经营沿革全史. 中卷. 大连：南满洲铁道株式会社，1939

图书馆老照片

新京①图书馆

出自：南满洲铁道株式会社总裁室地方部残务整理委员会著. 满铁附属地经营沿革全史. 下卷. 大连：南满洲铁道株式会社，1939

① "新京"即长春。

| 建筑篇

公主岭图书馆及社员俱乐部

出自：南满洲铁道株式会社总裁室地方部残务整理委员会著. 满铁附属地经营沿革全史. 下卷. 大连：南满洲铁道株式会社，1939

图书馆老照片

哈尔滨公共图书馆

动工二年,需款十万,于去岁岁末落成。

出自:北洋画报,1930(420):2

|建筑篇|

中东铁路局图书馆

出自:郭以牢编.中东铁路局图书馆图书索隐.哈尔滨:广盛印书局,1931

图书馆老照片

中东铁路局图书馆门前

75 墓表书者阎丽天与著者（郭以牢）合影。

出自：郭以牢编.中东铁路局图书馆图书索隐.哈尔滨：广盛印书局，1931

|建筑篇|

[延安]中共图书馆

出自：自由，1947，1（1）
注：期刊书脊为"申报"。

图书馆老照片

图书馆老照片

宁夏省立图书馆

出自：西北论衡，1936，4（3）

|建筑篇|

青海图书馆

出自：蒙藏月报，1941，13（8）

图书馆老照片

上海市立图书馆馆舍侧面

出自:[上海市立图书馆]编.上海市立图书馆概况.[上海]:[上海市立图书馆],[1932]

| 建筑篇 |

上海市图书馆外景

出自：[上海市图书馆]编. 上海市图书馆成立纪念册. [上海]：上海市图书馆，[1936]

图书馆老照片

上海市图书馆门楼

出自：[上海市图书馆]编.上海市图书馆成立纪念册.[上海]：上海市图书馆，[1936]

|建筑篇|

上海市图书馆全景

出自：少年画报，1937（3）

中国国际图书馆(上海)杂志阅览室大门

出自：中国国际图书馆编.中国国际图书馆杂志阅览室.上海：中国国际图书馆，[1932?-1949?]

| 建筑篇 |

上海中国国际图书馆楼房全景

出自：中国国际图书馆编. 中国国际图书馆图册. 上海：世界书局，1934

图书馆老照片

海关图书馆侧面全景

出自：关声，1934，3（8）

|建筑篇|

海关图书馆[1]前景

出自：图书馆学季刊，1937，11（2）

[1] 此为 1936 年 6 月对外开放的新馆。

图书馆 老照片

东方图书馆外部

出自：教育杂志，1926，18（6）

|建筑篇|

东方图书馆附设儿童图书馆外景

儿童图书馆陈列儿童用书杂志图画甚多，安放书桌，可容七八十人，每日下午三时至六时为公开阅览时间。

出自：[商务印书馆]编. 商务印书馆志略. [上海]：商务印书馆，[1929]：57

图书馆老照片

淞沪战后闸北宝山路东方图书馆

出自：良友，1932（67）

| 建筑篇 |

中国科学社明复图书馆

出自：民国日报，1930-12-29

图书馆老照片

中国科学社明复图书馆正面

出自：图书馆学季刊，1933，7（4）

大夏大学图书馆

出自:[大夏大学图书馆]编.大夏大学图书馆概况.[上海]:[大夏大学图书馆],1936

图书馆老照片

上海复旦大学图书馆外景

出自：图书馆学季刊，1930，4（1）

沪江大学图书馆

出自：教育季刊，1929，5（1）

图书馆老照片

国立暨南大学洪年图书馆大门

出自：国立暨南大学洪年图书馆编. 国立暨南大学洪年图书馆概要. 上海：国立暨南大学洪年图书馆，1933

|建筑篇|

南洋公学图书馆馆屋摄影

出自：申报，1920-03-14

注：南洋公学即后来交通大学的前身。此图名系原文如此。《申报》当天还刊登文章《南洋公学图书馆开幕礼纪》，其中提到：交通部上海工业专门学校（原名南洋公学）昨日午后举行图书馆开幕典礼。

图书馆老照片

交通大学图书馆

出自：交大民卅七级纪念刊委员会编. 交通大学三七级纪念刊. 上海：交大卅七级纪念刊委员会，1948

| 建筑篇 |

上海圣约翰大学罗氏图书馆外景

出自：黄维廉著. 圣约翰大学罗氏图书馆概况. [上海]：[圣约翰大学罗氏图书馆],[1932]

图书馆老照片

图书馆老照片
国立同济大学图书馆外观

出自：国立同济大学出版课编. 国立同济大学概览. 上海：国立同济大学，[1934]

|建筑篇|

震旦大学新落成的图书馆

出自：复兴月刊，1935，5（5）

图书馆老照片

中国公学图书馆

出自：中国公学一九二三年刊社编.中国公学年刊：民国十二年 第一卷.[吴淞]：中国公学学生部，1923：26

|建筑篇|

新华艺术专科学校图书馆外景

出自：新华艺术专科学校编.新华艺术专科学校第十八届毕业同学纪念刊.上海：新华艺术专科学校，1936

图书馆老照片

国立暨南大学附属中学图书馆

出自：国立暨南大学附属中学编. 暨中年鉴. 上海：国立暨南大学附属中学，1935

|建筑篇|

国立山东大学图书馆外观

出自：山大二五年刊编辑委员编. 山大年刊：民国廿五年. 青岛：国立山东大学二五级级会，1936

图书馆老照片

济南师范学校图书馆

出自：济南师范学校编. 济南师范九级同学录[1936]. 济南：济南师范学校，1936

| 建筑篇 |

济南齐鲁大学奥古士丁图书馆
出自：[济南私立齐鲁大学图书馆]编.济南私立齐鲁大学图书馆概况.[济南]:[济南私立齐鲁大学图书馆],1936

国立中央图书馆大门

出自：国立中央图书馆编.国立中央图书馆概况.[南京]:[国立中央图书馆],1947

| 建筑篇 |

国立中央图书馆北城阅览室

出自：国立中央图书馆编. 国立中央图书馆概况. [南京]：[国立中央图书馆], 1947

图书馆老照片

国立中央图书馆（重庆）

出自：国立中央图书馆编.国立中央图书馆概况.[南京]：[国立中央图书馆]，1947

南京市立图书馆馆门及外景

出自：南京市立图书馆编. 南京市立图书馆概况. [南京]：南京市立图书馆，1934

图书馆老照片

仙舟图书馆（南京）

出自：东南日报社. 东南大观：东南日报民国二十四年元旦特刊. 上海：东南日报社，1935（元旦特刊）

| 建筑篇 |

金陵女子文理学院图书馆外景

出自：杨丽琳等编. 私立金陵女子文理学院年刊. 南京：金陵女子文理学院，1936

图书馆老照片

国立政治大学图书馆大楼

出自:自治期刊,1948(创刊号)

| 建筑篇 |

国立中央大学国学图书馆大门

出自：中央大学国学图书馆编. 中央大学国学图书馆第一年刊. 南京：南京龙蟠里本馆[发行]，[1928]

图书馆老照片

国立中央大学图书馆

出自：国立中央大学图书馆概况. 南京：国立中央大学图书馆，1937

中央军校图书馆(南京黄浦路)

出自:中央军校图书馆报,1933(创刊号):封面

图书馆老照片

江苏省立镇江图书馆全景

出自：图书馆学季刊，1936，10（4）

| 建筑篇 |

国立江苏医学院图书馆

出自：国立江苏医学院编. 国立江苏医学院十周年纪念特刊. 镇江：国立江苏医学院，1948

图书馆老照片

江苏省立镇中图书馆

出自：江苏教育，1932，1（2）

江苏省立苏州图书馆门前风景

出自：江苏省立苏州图书馆编.江苏省立苏州图书馆概要.[苏州]：[江苏省立苏州图书馆]，[1930]

图书馆老照片

江苏省立教育学院图书馆

出自：江苏教育，1932，1（6）：2

|建筑篇|

江苏苏中图书馆之一隅

出自：江苏教育，1932，1（5）

图书馆老照片

南通学院图书馆（学友会建赠）

南通学院图书馆（学友会建赠）

出自：纺织之友，1935（4-5）

注：该刊由南通学院纺织科学友会上海分会编辑出版。

| 建筑篇 |

江苏省立东海民众教育馆正门与出入口
出自：江苏省立东海民众教育馆编. 八个月来之江苏省立东海民众教育馆. 东海（江苏）：江苏省立东海民众教育馆，1935

图书馆老照片

无锡图书馆摄影

出自：教育杂志，1915，7（2）

| 建筑篇

无锡国学专修学校新建图书馆

出自：李竟西. 无锡国专季刊. 无锡（江苏）：私立无锡国学专修学校学生自治会，1933

图书馆老照片

安徽省立图书馆大门

出自：安徽省立图书馆编. 安徽省立图书馆概况. 安庆：安徽省立图书馆，1933

| 建筑篇 |

安徽省立图书馆之巡回文库

出自：安徽省立图书馆编. 安徽省立图书馆概况. 安庆：安徽省立图书馆, 1936

图书馆老照片

天长县图书馆举行开馆典礼摄影（1923年7月20日）

出自：天长县立公园暨图书馆编. 天长县立公园暨图书馆二周年纪念汇刊. 天长县（安徽）：天长县立公园暨图书馆，1924

| 建筑篇 |

浙江省立图书馆新民路分馆

出自：[浙江省立图书馆]编. 浙江省立图书馆概况. [杭州]：[浙江省立图书馆], 1931

图书馆老照片

浙江省立图书馆西湖断桥流通图书部
出自：浙江省立图书馆编. 浙江省立图书馆三十周年纪念册. 杭州：浙江省立图书馆，1933

| 建筑篇 |

浙江省立图书馆馆舍：大学路总馆

出自：浙江省立图书馆辅导组编. 浙江全省图书馆概览. 杭州：浙江省立图书馆售书处，1934

图书馆老照片

藏有四库全书之浙江省立图书馆孤山分馆及其书库

出自：浙江省立图书馆编. 文澜学报：第一集. 杭州：浙江省立图书馆，1935

| 建筑篇 |

浙江省立图书馆新民路分馆

出自：浙江省立图书馆编. 浙江省立图书馆概况. 杭州：浙江省立图书馆，1936

图书馆老照片

浙江省立民众教育馆图书馆馆舍

出自：浙江省立图书馆辅导组编. 浙江全省图书馆概览. 杭州：浙江省立图书馆售书处，1934

|建筑篇|

浙江私立流通图书馆馆舍

出自：浙江省立图书馆辅导组编.浙江全省图书馆概览.杭州：浙江省立图书馆售书处，1934

图书馆老照片

浙江省建设厅图书馆大门

出自：浙江省立图书馆辅导组编. 浙江全省图书馆概览. 杭州：浙江省立图书馆售书处，1934

| 建筑篇 |

国立浙江大学工学院图书馆

出自：国立浙江大学工学院民一八级级友会编.
国立浙江大学第二届毕业纪念刊. 杭州：国立浙
江大学工学院民一八级级友会，[1929]: 65

图书馆老照片

之江文理学院图书馆

出自：之江文理学院编. 私立之江文理学院一览：民国二十二年至二十三年. 杭州：之江文理学院，[1934]

| 建筑篇 |

杭州笕桥中央航空学校（中国空军的摇篮地）图书馆外观

出自：天山画报，1947（3）

图书馆老照片

浙江省立民众教育实验学校图书室

出自：民众教育月刊，1936，5（1）

|建筑篇|

杭州蕙兰中学图书馆

出自：教育季刊，1931，7（1）：67

图书馆老照片

浙江省长兴县立图书馆馆舍

出自：浙江省立图书馆辅导组编.浙江全省图书馆概览.杭州：浙江省立图书馆售书处，1934

|建筑篇|

浙江省嘉善县立图书馆馆舍

出自：浙江省立图书馆辅导组编.浙江全省图书馆概览.杭州：浙江省立图书馆售书处，1934

图书馆老照片

浙江鄞县县立图书馆馆舍外景

出自：鄞县县立图书馆编.浙江鄞县县立图书馆图书目录.鄞县：鄞县县立图书馆，1936

| 建筑篇 |

浙江鄞县东钱湖图书馆馆舍

出自：浙江省立图书馆辅导组编. 浙江全省图书馆概览. 杭州：浙江省立图书馆售书处，1934

图书馆老照片

图书馆老照片

旧温属联立图书馆馆舍

出自：浙江省立图书馆辅导组编. 浙江全省图书馆概览. 杭州：浙江省立图书馆售书处，1934

江西省立图书馆同人摄影于旧馆阮楼

出自：江西省立图书馆编.江西省立图书馆馆务汇刊.[出版地不详]：江西省立图书馆，1929

图书馆老照片

江西省立图书馆

出自：东南日报社编. 东南大观：东南日报民国二十四年元旦特刊. 上海：东南日报社，1935（元旦特刊）

| 建筑篇 |

江西私立天翼图书馆馆舍全景

出自:[江西私立天翼图书馆]编.江西私立天翼图书馆概况.[出版地不详]:[江西私立天翼图书馆],1942

图书馆老照片

福建省立图书馆馆门

出自：福建省立图书馆编. 福建省立图书馆概况. 福州：福建省立图书馆，1931

| 建筑篇 |

长乐县立民众教育馆馆舍

出自:[长乐县立民众教育馆]编.长乐县立民众教育馆周年特刊.长乐(福建):长乐县立民众教育馆,1936

图书馆老照片

厦门大学图书馆

出自：伍联德主编；陆上之英文编辑；梁得所等摄影. 中华景象：中英文对照 [摄影集]. 上海：良友图书印刷有限公司，1934

| 建筑篇 |

福建私立集美学校图书馆

出自：福建私立集美学校廿周年纪念刊编辑部编. 集美学校廿周年纪念刊. 厦门：福建私立集美学校廿周年纪念刊编辑部，1933：18

开封城把城楼改为中山图书馆

出自：良友，1928（29）

|建筑篇|

河南大学图书馆一角

出自：中国学生（上海1935），1937，3（25）：封底

图书馆老照片

湖北省立图书馆大门外景

出自：湖北省立图书馆编. 湖北省立图书馆概况. [武汉]：[湖北省立图书馆]，1930

| 建筑篇 |

湖北省立图书馆书库外景

出自：湖北省立图书馆编. 湖北省立图书馆概况. [武汉]：[湖北省立图书馆]，1930

图书馆老照片

武昌新建省立图书馆，不日即可全部落成

出自：礼拜六，1936（661）

| 建筑篇 |

文华公书林

出自：文华图书科季刊，1931，3（3）

图书馆老照片

国立武汉大学图书馆正面

出自：[国立武汉大学图书馆]编. 国立武汉大学图书馆概况. [武昌]：[国立汉大学图书馆]，[193–]

| 建筑篇 |

华中大学图书馆

出自：华中大学一九三二年刊社编. 华中年刊：民国二十一年. 武昌：华中大学一九三二年刊社，1932

图书馆老照片

湖北省立第一中学校图书馆

出自：湖北省立第一中学校编. 湖北省立第一中学校毕业同学录. [武昌]：湖北省立第一中学校，1935

湖南省立中山图书馆馆屋侧面图

湖南省立中山图书馆编. 湖北省立中山图书馆图书分类目录：十卷（上）. 长沙：湖南省立中山图书馆，1929

图书馆老照片

湖南南轩图书馆正面

出自：南轩图书馆编. 湖南南轩图书馆十周年纪念刊. 长沙：南轩图书馆, 1934

| 建筑篇 |

湖南大学图书馆全景

出自:[湖南大学]编.湖南大学图书馆落成科学馆奠基特刊.[长沙]:[湖南大学],1933

图书馆老照片

广州市市立中山图书馆奠基石

出自：广州市市立中山图书馆编. 广州市市立中山图书馆特刊. [广州]：广州市市立中山图书馆，[1930]

| 建筑篇 |

广州市市立中山图书馆正面图

出自：广州市立中山图书馆编.广州市立中山图书馆概况.广州：广州市市政府，1934

图书馆老照片

广州邓仲元图书馆

出自:北洋画报,1932(808):2

广州民众教育馆

出自：三民画刊，1934（10）

图书馆老照片

国立中山大学图书馆总馆全景

出自：国立中山大学图书馆周刊，1928，2（2）

|建筑篇|

广州大学图书馆外景

出自:［广州大学图书馆］编. 广州大学图书馆一览.［广州］: 广州大学图书馆, 1937

图书馆老照片

广州岭南大学图书馆外景

出自：岭南大学图书馆编. 岭南大学图书馆一览. 广州：岭南大学图书馆，1936

| 建筑篇 |

广东省立勷勤大学商学院暂用图书馆

出自：广东省立勷勤大学教务处编. 广东省立勷勤大学概览：廿五年度. 广东：勷勤大学，1937

图书馆老照片

广州培正中学图书馆全景

出自:培正中学图书馆馆刊,1936,2(1-2)

| 建筑篇 |

景堂图书馆正门

出自：景堂图书馆编. 景堂图书馆概况. 新会（广东）：景堂图书馆，1926

远望景堂图书馆全景

出自：景堂图书馆编. 景堂图书馆指南. 新会（广东）：景堂图书馆，[1933]：5

广东台山中学之图书馆前门侧影

出自:良友,1936(114):20

图书馆老照片

广东高陂中学新建科学图书馆

出自：高陂中学校董会干事会主编. 陂中纪念刊. [出版地不详]：高陂中学校董会干事会，1941

|建筑篇|

东莞博物图书馆正面

出自：东莞博物图书馆编. 东莞博物图书馆特刊. [出版者不详]，[1935]

图书馆老照片

香港大学冯平山图书馆外观

出自：中华图书馆协会会报，1938，13（1）

| 建筑篇 |

南宁图书馆

出自：伍联德主编；陆上之英文编辑；梁得所等摄影. 中华景象：中英文对照[摄影集]. 上海：良友图书印刷有限公司，1934：355

图书馆老照片

南宁民众教育馆

出自：伍联德主编；陆上之英文编辑；梁得所等摄影. 中华景象：中英文对照 [摄影集]. 上海：良友图书印刷有限公司，1934：355

|建筑篇|

广西大学图书馆

出自：西大学生，1934（创刊号）
注：该刊由广西大学学生自治会编辑出版，出版地是广西梧州。

图书馆老照片

成都华西大学图书馆外观

出自：图书馆学季刊，1931，5（3-4）

|建筑篇|

远望万县公立图书馆书库

出自:[万县公立图书馆]编.万县公立图书馆概要.[出版地不详]:[万县公立图书馆],1930

图书馆老照片

重庆大学图书馆

出自:图书馆学季刊,1934,8(4)

|建筑篇|

四川省立教育学院图书馆

出自：现代读物，1938，3（2）

图书馆老照片

重庆清华中学图书室
出自：重庆清华，1947（1）

|建筑篇|

重庆南开中学图书馆

出自：新重庆，1947，1（4）

图书馆老照片

云南图书博物馆馆门

出自：云南图书博物馆编. 云南图书博物馆一览. [出版地不详]：[云南图书博物馆]，[1923]

|建筑篇|

云南省立昆华图书馆阅览室

出自：云南省立昆华图书馆编. 云南省立昆华图书馆概况. [出版地不详]：[云南省立昆华图书馆]，[1937]

图书馆老照片

日内瓦中国国际图书馆大门（一）

出自：中国国际图书馆编. 中国国际图书馆图册. 上海：世界书局，1934

| 建筑篇 |

日内瓦中国国际图书馆大门（二）
出自：世界画报，1935（2）

图书馆老照片

新建之日内瓦中国国际图书馆

出自：新中华，1935，3（3）

| 建筑篇 |

日本帝国图书馆（国立图书馆）

马宗荣著. 现代图书馆序说. 上海：中华学艺社，1928

图书馆老照片

日本东京市立日比谷图书馆
出自：马宗荣著. 现代图书馆序说. 上海：中华学艺社，1928

|建筑篇|

日本京都图书馆全景

出自：教育杂志，1927，19（1）

图书馆老照片

日本大阪府立图书馆

出自：马宗荣著. 现代图书馆序说.
上海：中华学艺社，1928

| 建筑篇 |

日本东京市立名古屋图书馆正面

出自：教育杂志，1927，19（1）

图书馆老照片

日本宫内省图书寮

出自：图书馆学季刊，1933，7（3）

|建筑篇|

日本静嘉堂文库

出自：图书馆学季刊，1932，6（1）

图书馆老照片

日本东洋文库

出自：教育杂志，1927，19（1）

| 建筑篇 |

日本东京帝国大学图书馆

日本大地震，图书遭劫，美国富商洛氏特捐金四百万建筑此馆舍。

出自：商业月报，1930，10（10）

图书馆老照片

新加坡的赖佛尔博物馆及图书馆外景

出自：向达著. 新加坡的赖佛尔博物馆及图书馆. [出版者不详], [1935]

|建筑篇|

英国国立图书馆

出自：社会科学杂志，1930，2（1）

图书馆老照片

英国柏肯里德公共图书馆

出自：(英)麦考温(L. R. McColvin)，(英)累维(J. Revie)
著；蒋复璁译述. 英国图书馆. 上海：商务印书馆，1949

英国密德尔塞克斯乡镇图书馆

出自：(英)麦考温(L. R. McColvin),(英)累维(J. Revie)著；蒋复璁译述. 英国图书馆. 上海：商务印书馆，1949

在华盛顿议政厅前望国会图书馆之景

出自：学林文集，1925，2（3）

| 建筑篇 |

美国国立图书馆

出自：马宗荣著. 现代图书馆序说. 上海：中华学艺社，1928

图书馆老照片

纽约公立图书馆之外景

出自：图书馆学季刊，1926，1（3）

| 建筑篇 |

纽约公立图书馆在西沃德（Seward）公园所立之分馆
此馆借书人多，办事繁忙。
出自：图书馆学季刊，1926，1（3）

图书馆老照片

美国波士顿公共图书馆

出自：马宗荣著. 现代图书馆序说. 上海：中华学艺社，1928

| 建筑篇 |

美国俄亥俄州阿伯伦学院（Oberlin College）图书馆

出自：改造，1920，3（12）

图书馆老照片

美国哈佛大学图书馆

出自：马宗荣著. 现代图书馆序说. 上海：中华学艺社，1928

| 建筑篇 |

美国哥伦比亚大学图书馆

出自：马宗荣著. 现代图书馆序说. 上海：中华学艺社，1928

图书馆老照片

美国潘薛文尼亚大学图书室

"图书室系于160年前,弗兰克令(美国之科学家、政事家)所创设,室内所藏者有法皇路易第十六之赠品,藏书有43万余卷,报志有5万余册,是美国历史上有兴趣之建筑物也。"

出自:留美学生季报,1916,5(1)

| 建筑篇 |

莫斯科列宁民众图书馆

出自：中苏文化：苏联十月革命二十周年纪念特刊，1937（特刊）

图书馆老照片

德国国立图书馆

出自：社会科学杂志，1930，2（1）

|建筑篇|

德意志威马尔之图书馆

出自：京师教育报，1917（40）

图书馆老照片

丹麦安徒生图书馆

"安徒生图书馆在奥顿瑟,即设在安徒生出世之屋内,其中满置安徒生生平的用品、书籍及他的作品、图像等等,是一个极有趣的图书馆。"

出自:小说月报,1925,16(9)

| 建筑篇 |

法国巴黎大学图书馆

出自：社会科学杂志，1930，2（1）

人物篇 贰

图书馆老照片

鲍益清

江苏常熟人。曾任上海国民大学图书馆管理员、远东大学图书馆主任、中央大学上海中学师范科图书馆学教员,时任国立暨南大学图书馆西文编目员。

出自:宋景祁等编.中国图书馆名人录,一名,中国图书馆界人名录.上海:上海图书馆协会,1930:152

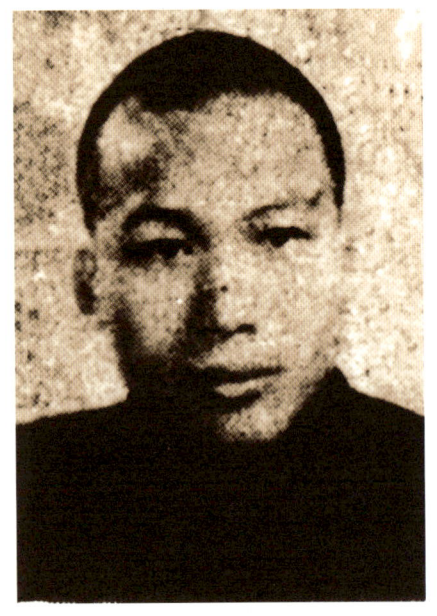

鲍振西

北平市立图书馆学讲习班学员,来自浙江鄞县。

出自:北平市立图书馆学讲习班同学录:第一班.[出版者不详],1948

| 人物篇 |

鲍铮

字剑庵,江苏常熟人。历任上海各大学图书馆等主任编目员等职,后任明德图书馆主任。

出自:宋景祁等编. 中国图书馆名人录,一名,中国图书馆界人名录. 上海:上海图书馆协会,1930:153

毕斗山

1929年6月至1931年7月任湖北省立图书馆馆长。

出自:湖北省立图书馆. 湖北省立图书馆概况.[武汉]:[湖北省立图书馆],1930

卞鸿儒

时任辽宁省立图书馆馆长。

出自：辽宁省立图书馆馆刊，1930，1（9）

| 人物篇 |

蔡葆真

时任北平市立图书馆学讲习班班长。

出自：北平市立图书馆学讲习班同学录：第一班. [出版者不详]，1948

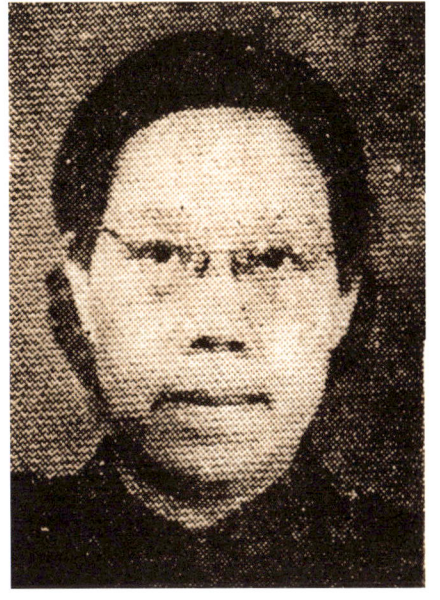

蔡元培

字子民。时任上海市图书馆董事长。一九二九年八月至一九四〇年三月任国立北平图书馆馆长。

出自：[上海市图书馆]编. 上海市图书馆成立纪念册. [上海]：上海市图书馆，[1936]

图书馆老照片

曹根荪

时任苏州图书馆馆长。

出自：苏州图书馆编. 中央大学区立苏州图书馆一览.［苏州］：［苏州图书馆］，1928

曹毓钧

时任交通大学图书馆中文编目员。

出自：交通大学编. 交通大学年刊：二十年. 上海：交通大学，1931

曹祖彬

时任金陵大学图书馆中文编目主任。

出自：金陵大学编. 金陵年刊. 南京：金陵大学，1935

常子鉴

时任大同县公立图书馆副评议长。

出自：山西大同县公立图书馆筹备委员会编. 山西大同县公立图书馆纪念刊. [大同]：山西大同县公立图书馆筹备委员会，1936

图书馆老照片

陈宝衡

字幼泉,天津人。创办北洋师范学堂图书馆,任司事,后北洋师范学堂改办高等商业专门学校,任图书馆事务员。至1929年4月任河北省立法商学院图书馆主任,前后供职该图书馆计有23年。

出自:宋景祁等编.中国图书馆名人录,一名,中国图书馆界人名录.上海:上海图书馆协会,1930:108

陈伯逵

时任上海民立中学图书馆主任。

出自:陈天鸿编.上海民立中学图书馆概况.上海:上海民立中学图书馆,1926

陈长伟

时任金陵大学图书馆学讲师兼图书馆流通及总务主任。

出自：金陵大学编. 金陵年刊. 南京：金陵大学，1935

陈重寅

别署虫吟，曾服务于东南大学图书馆，并主持东南大学附中图书馆暨南京钟英中学图书馆三年，后江苏省政府图书馆及中央党务学校图书馆均曾聘其担任要职。

出自：宋景祁等编. 中国图书馆名人录，一名，中国图书馆界人名录. 上海：上海图书馆协会，1930：100

陈东原

曾任安徽省立图书馆馆长。

出自：安徽省立图书馆编. 安徽省立图书馆概况. 安庆：安徽省立图书馆，1936

陈独醒

字从善,浙江上虞县人。辟流通图书馆于杭州,用种种流通方法,使全社会民众无不享受图书馆之利益。

出自:宋景祁等编.中国图书馆名人录,一名,中国图书馆界人名录.上海:上海图书馆协会,1930:106

陈禹赣

字志千,福建莆田县人。1922年与康修其倡办涵江图书馆主理馆务,擘画有方,成绩卓著。

出自:宋景祁等编.中国图书馆名人录,一名,中国图书馆界人名录.上海:上海图书馆协会,1930:104

图书馆老照片

陈汉章

中央大学国学图书馆参议。

出自：中央大学国学图书馆编.中央大学国学图书馆第一年刊.南京：南京龙蟠里本馆[发行]，[1928]

陈鸿飞

山东益都人。曾管理齐鲁大学图书馆，馆务成绩甚佳，后任中国流通图书馆馆长。

出自：[中国流通图书馆]编.中国流通图书馆开幕特刊.[上海]：[中国流通图书馆]，[1937-1945]

陈锦先

北平市立图书馆学讲习班学员,来自北平。

出自:北平市立图书馆学讲习班同学录:第一班. [出版者不详],1948

陈其可

曾任苏州图书馆馆长。

出自:苏州图书馆编. 中央大学区立苏州图书馆一览. [苏州]:[苏州图书馆],1928

图书馆老照片

陈启修

时任国立北平大学法学院政治系教授兼图书馆馆长。

出自：国立北平大学法学院编. 国立北平大学法学院第六届毕业同学录. 北平：国立北平大学法学院，[1934]

陈然

时任无锡县图书馆馆长。

出自：无锡县图书馆编. 无锡县图书馆概况. [无锡]：无锡县图书馆，[1931]

陈廷端

字肃玉,福建霞浦人。时任福建省立图书馆馆员、福建图书馆协会候补执行委员。

出自:宋景祁等编.中国图书馆名人录,一名,中国图书馆界人名录.上海:上海图书馆协会,1930:94

陈熙汉

字济航,湖南零陵人。时任零陵私立新民小学校校长,兼智林图书馆主任。

出自:宋景祁等编.中国图书馆名人录,一名,中国图书馆界人名录.上海:上海图书馆协会,1930:105

陈训慈

时任浙江省立图书馆馆长。

出自：浙江省立图书馆编. 浙江省立图书馆三十周年纪念册. 杭州：浙江省立图书馆，1933

| 人物篇 |

陈养吾

时任之江大学图书馆助理。

出自：之江大学年刊社编. 之江年刊：民国二五年. 杭州：之江大学年刊社，1936

陈永真

北平市立图书馆学讲习班学员，来自河北安国。

出自：北平市立图书馆学讲习班同学录：第一班. [出版者不详]，1948

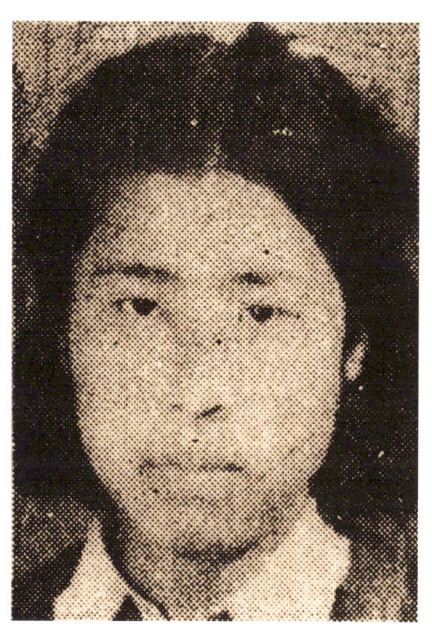

陈赞垣

时任景堂图书馆职员。

出自：景堂图书馆编. 景堂图书馆概况. 新会（广东）：景堂图书馆，1926

陈作琛

字浩然,江西省南昌县人。文华大学毕业。曾任江西中山大学图书馆管理员、江西省立图书馆兼省立通俗图书馆保管员、江西省政府教育厅社会科科员,时任江西省立第三通俗图书馆主任。

出自:宋景祁等编.中国图书馆名人录,一名,中国图书馆界人名录.上海:上海图书馆协会,1930:95

谌然模

江西奉新人。国立暨南大学文学士。曾任上海江西高级职业学校图书馆主任、国立暨南大学附属中学图书室主任。

出自:国立暨南大学附属中学编.暨中年鉴.上海:国立暨南大学附属中学,1935

图书馆老照片

程沪生

字浩谦，安徽婺源县人。1927年春在中国公学大学部图书馆服务，从事分类编目工作。1929年作为该校代表出席中华图书馆协会第一次年会。

出自：宋景祁等编.中国图书馆名人录，一名，中国图书馆界人名录.上海：上海图书馆协会，1930：126

程乃猷

字毂津，一字国钧。江苏宜兴人。历任鹅山高等小学校、私立彭城中学校校长，和桥市议事会议长、市政局局长、商团团长、图书馆馆长。

出自：宋景祁等编.中国图书馆名人录，一名，中国图书馆界人名录.上海：上海图书馆协会，1930：124

| 人物篇 |

程品生

时任新华艺术专科学校图书馆主任（兼工艺教授）。

出自：新华艺术专科学校编.新华艺术专科学校第十八届毕业同学纪念刊.上海：新华艺术专科学校，1936

图书馆老照片

程其保

字稺秋,安徽省歙县人。对于图书馆事业素喜研究,从事编辑国内家藏图书汇志,专以搜集国内名家藏书概况,以示我国图书之精华。

出自:宋景祁等编.中国图书馆名人录,一名,中国图书馆界人名录.上海:上海图书馆协会,1930:125

程天固

时任广州市市立中山图书馆委员。

出自:广州市市立中山图书馆编.广州市市立中山图书馆特刊.[广州]:广州市市立中山图书馆,[1930]

崔学忠

北平市立图书馆学讲习班学员,来自河北安次。

出自:北平市立图书馆学讲习班同学录:第一班. [出版者不详],1948

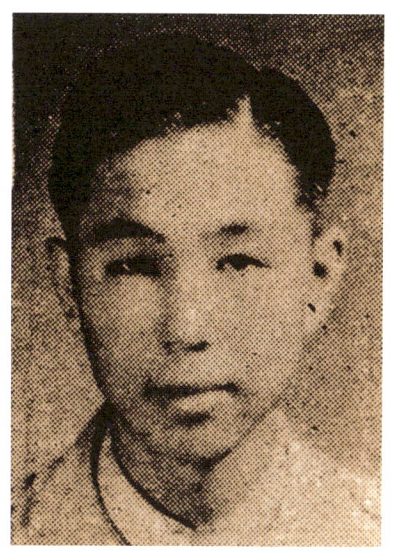

崔盈科

号斗辰,山西闻喜人。时任国民政府卫生部图书室主任。

出自:宋景祁等编. 中国图书馆名人录,一名,中国图书馆界人名录. 上海:上海图书馆协会,1930:109

图书馆老照片

戴超

字志骞,江苏津浦人。曾任上海圣约翰大学图书馆主任、清华学校图书室的第二任主任、北平清华大学图书馆馆长、北平师范大学暑期图书馆学校教员、北平松坡图书馆名誉职员、天津南开大学图书馆顾问、美国纽约哥伦比亚图书馆职员、美国纽约爱布顿军营图书馆参考部主任、国立中央大学图书馆馆长、北京图书馆协会会长。

出自:北京图书馆协会会刊,1924(1)

戴淑庄

北平市立图书馆学讲习班学员,来自河北深泽。

出自:北平市立图书馆学讲习班同学录:第一班.[出版者不详],1948

戴祖荫

字绳武,休宁县地方财政管理处委员,地方自治会议长。1924年值其先世东原先生二百年生日纪念,自出家藏图书创办戴氏私立东原图书馆,编有该馆一周纪念册。

出自:宋景祁等编. 中国图书馆名人录,一名,中国图书馆界人名录. 上海:上海图书馆协会,1930: 163

刁世荣

北平市立图书馆学讲习班学员,来自河北固城。

出自:北平市立图书馆学讲习班同学录:第一班. [出版者不详],1948

图书馆老照片

丁丙

字松生,籍贯钱塘。博极群书,藏书垂八万卷。嘉惠堂八千卷楼之名,声闻宇内。咸丰辛酉之乱,文澜阁四库书遭劫。赖公与伯兄竹舟(即丁申)拾残补缺,始得幸存。厥功殊宏。

出自:浙江省立图书馆编.浙江省立图书馆三十周年纪念册.杭州:浙江省立图书馆,1933

丁福保

时任中国流通图书馆董事长。

出自:[中国流通图书馆]编.中国流通图书馆开幕特刊.[上海]:[中国流通图书馆],[1937–1945]

丁儒侯

时任无锡国学专修学校图书馆管理。

出自：无锡国学专修学校编. 无锡国学专修学校辛未级毕业刊. 无锡：无锡国学专修学校，1931

董明道

时任南开大学图书馆主任。

出自：南开大学编. 南开大学毕业纪念册：民国二四年班. 天津：南开大学，1935

杜定友

时任广州市市立中山图书馆委员。

出自：广州市市立中山图书馆编. 广州市市立中山图书馆特刊. [广州]：广州市市立中山图书馆，[1930]

杜士卓

时任万县公立图书馆图书部主任。

出自:[万县公立图书馆]编.万县公立图书馆概要.[出版地不详]:[万县公立图书馆],1930

杜为惠

时任职于南京国立中央大学农学院图书馆。

出自:宋景祁等编.中国图书馆名人录,一名,中国图书馆界人名录.上海:上海图书馆协会,1930:25

图书馆老照片

范希曾

字耒研。时任中央大学国学图书馆编辑部兼保管部主干。

出自：中央大学国学图书馆编. 中央大学国学图书馆第一年刊. 南京：南京龙蟠里本馆[发行]，[1928]

方本仁

时任世界佛学苑图书馆董事长。

出自：海潮音，1934，15（7）

方朝柱

时任私立中国中学图书馆主任,兼英语史地教员。

出自:上海私立中国中学出版委员会编.私立中国中学一览.上海:上海私立中国中学出版委员会,1936

方克刚

字小川,湖南平江人。创办有湖南省省立中山图书馆及私立之南轩图书馆。编有《省教育会图书馆小史》、《南轩图书馆特刊》及《图书馆管理法》。

出自:宋景祁等编.中国图书馆名人录,一名,中国图书馆界人名录.上海:上海图书馆协会,1930:3

图书馆老照片

方寿青

江苏松江人。时任上海特别市商会商业图书馆管理员、上海图书馆协会会员。

出自：宋景祁等编. 中国图书馆名人录，一名，中国图书馆界人名录. 上海：上海图书馆协会，1930：4

方锡唐

时任交通大学图书馆办事员。

出自：交通大学编. 交通大学年刊：民国二十年. 上海：交通大学，1931

| 人物篇 |

冯陈祖怡

号振铎,福建人,北京高师图书馆副主任。曾留美研究图书馆学,为我国女界中之第一人。回国后历任北京女子师范大学图书馆学教授兼该校图书馆馆长、中法大学图书馆副主任。曾任中华图书馆协会执行委员、上海图书馆协会执行委员、上海图书馆协会监察委员。

出自:教育丛刊,1921,2(2)

冯汉骥

湖北宜昌人。1923年毕业于武昌文华大学及文华图书馆专门学校。毕业后任厦门大学图书馆襄理,1924年任该馆主任,1928年夏转任湖北省立图书馆馆长。1929年1月参加中华图书馆协会第一次年会,被选为监察委员。是年7月,辞湖北省立图书馆馆长职,任国立浙江大学文理学院图书馆主任。

出自:宋景祁等编.中国图书馆名人录,一名,中国图书馆界人名录.上海:上海图书馆协会,1930:112

图书馆老照片

冯平山

广东新会人。1922年兴建景堂图书馆于广东新会城内。1928年联合同志于香港华商总会内增设图书馆一所。1929年以其亲友所赠七旬寿礼,并自捐十二万元移充香港大学图书馆建筑之用。其他学校图书馆之推广设置,凡有所求,靡不竭诚相助。

出自: 景堂图书馆编. 景堂图书馆概况. 新会(广东):景堂图书馆,1926

甘药樵

时任北平私立木斋图书馆董事。

出自: 北平私立木斋图书馆季刊,1937(2)

高渤云

北平市立图书馆学讲习班学员,来自河北抚宁。

出自:北平市立图书馆学讲习班同学录:第一班.[出版者不详],1948

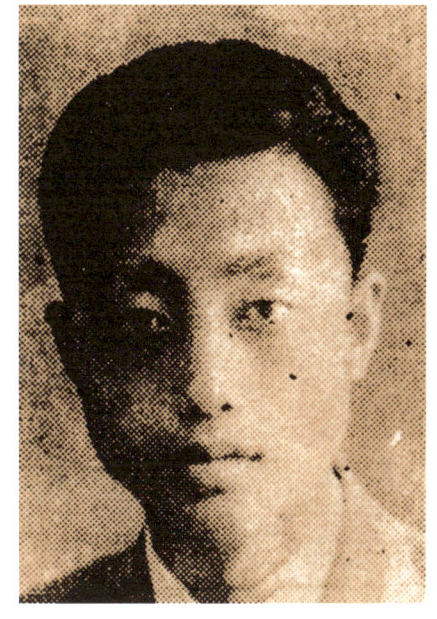

高峻

字君实,安徽滁县人。1923年春,任国立东南大学孟芳图书馆助理员,并习图书馆学,得毕业证书。1927年9月,任浦东中学图书馆主任职。

出自:宋景祁等编.中国图书馆名人录,一名,中国图书馆界人名录.上海:上海图书馆协会,1930:60

图书馆老照片

高廷梓

广东新会人。1929年夏,被广州的中山大学聘为图书馆主任。

出自:宋景祁等编. 中国图书馆名人录, 一名, 中国图书馆界人名录. 上海: 上海图书馆协会, 1930: 61

高艺林

时任安徽省立图书馆第二巡回文库管理员。

出自:安徽省立图书馆编. 安徽省立图书馆概况. 安庆: 安徽省立图书馆, 1933

葛慰祖

时任安徽省立图书馆日报室管理员。

出自:安徽省立图书馆编. 安徽省立图书馆概况. 安庆:安徽省立图书馆,1933

耿济安

时任北平市立图书馆学讲习班中文分类、中文编目讲师。

出自:北平市立图书馆学讲习班同学录:第一班. [出版者不详],1948

图书馆老照片

龚昆英

时任安徽省立图书馆助理员。

出自：安徽省立图书馆编. 安徽省立图书馆概况. 安庆：安徽省立图书馆，1933

龚子华

时任武昌中华大学图书馆主任。

出自：周瑾编. 武昌中华大学文学院师范专修科第六届毕业纪念册. 武昌：武昌中华大学，[1937]

巩子登

时任大同县公立图书馆事务员。

出自：山西大同县公立图书馆筹备委员会编. 山西大同县公立图书馆纪念刊.［大同］：山西大同县公立图书馆筹备委员会，1936

顾天枢

字斗南，安徽省歙县人。东南大学图书馆学科毕业，曾任东南大学图书馆馆员、上海国立政治大学图书馆主任、南京特别市第一图书馆主任、南京特别市第二教育馆主任、南京图书馆协会执行委员。曾建议南京特别市政府筹建市立图书馆。

出自：宋景祁等编. 中国图书馆名人录，一名，中国图书馆界人名录. 上海：上海图书馆协会，1930：171

图书馆老照片

桂质柏

时任国立中央大学图书馆主任兼教授。

出自:国立中央大学编.国立中央大学叁级毕业纪念刊.[南京]:国立中央大学,[1935]

郭秉文

时任东南大学校长,积极筹建孟芳图书馆。

出自:郭秉文主编. 孟芳图书馆落成纪念册. 南京:东南大学,[1924]

郭辅庭

捐赠大同大学图书馆中文书籍最多者。

出自:大同大学图书馆编. 大同大学图书馆中文图书目录. 上海:大同大学图书馆,1931

郭宗渊

时任北平育英中学图书馆助理。

出自：育英中学年刊委员会编.育英年刊：出版十周年纪念.北平：育英中学年刊委员会，1939

过懿瑾

时任无锡县图书馆儿童阅览室馆员。

出自：无锡县图书馆编.无锡县图书馆概况.[无锡]：无锡县图书馆，[1931]

杭立武

时任复旦大学图书馆主任。

出自：复旦大学编. 复旦大学乙丑年鉴. 上海：复旦大学乙丑年鉴社，1925：46

杭若兰

北平市立图书馆学讲习班学员，来自浙江杭县。

出自：北平市立图书馆学讲习班同学录：第一班. [出版者不详]，1948

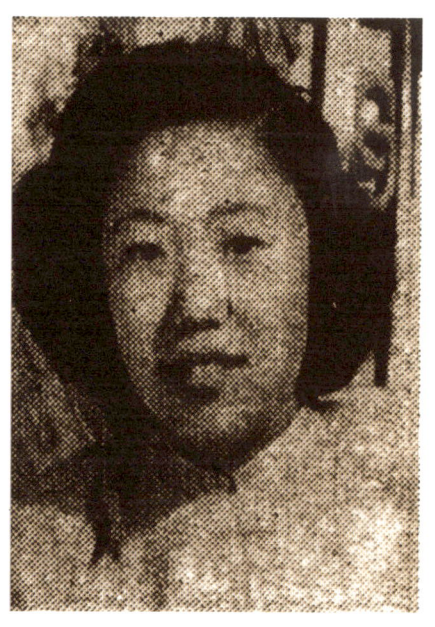

图书馆老照片

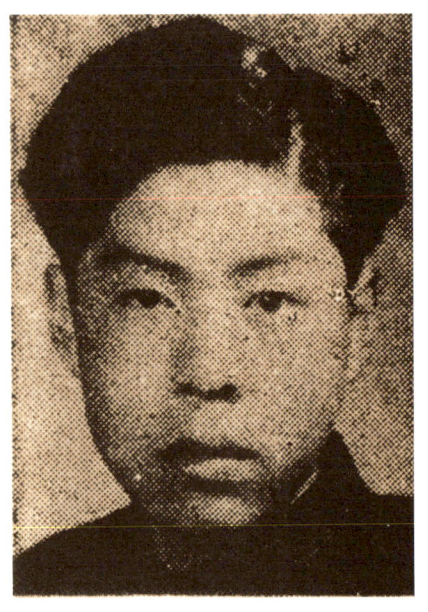

杭震宇

北平市立图书馆学讲习班学员，来自北平。

出自：北平市立图书馆学讲习班同学录：第一班.[出版者不详]，1948

何承恩

时任上海持志学院图书馆管理。

出自：上海持志学院编.持志年刊：卷六　民国二十年.上海：上海持志学院[发行]，1931

何葛民

时任安徽天长县图书馆主任。

出自：天长县立公园暨图书馆编. 天长县立公园暨图书馆二周年纪念汇刊. 天长县（安徽）：天长县立公园暨图书馆，1924

何日章

字国璋，河南省商城县人。1922年南京东南大学暑期学校图书馆科毕业。曾任河南图书馆馆长、民族博物院院长，兼河南女子师范学校图书馆科教员。

出自：宋景祁等编. 中国图书馆名人录，一名，中国图书馆界人名录. 上海：上海图书馆协会，1930：38

图书馆老照片

何蕴秋

北平市立图书馆学讲习班学员，来自北平。

出自：北平市立图书馆学讲习班同学录：第一班.[出版者不详]，1948

何召南

时任万县县立民众教育总馆第二支馆阅览股馆员。

出自：万县县立民众教育总馆第一周年纪念特刊.万县（四川）：[万县县立民众教育总馆]，1934

| 人物篇 |

洪达

曾任上海市图书馆筹备处主任、馆长。

出自：[上海市图书馆]编.上海市图书馆成立纪念册.[上海]：上海市图书馆，[1936]

洪有丰

字范五，安徽绩溪人。1916年毕业于金陵大学，旋任母校图书馆副馆长，1919年留学美国获纽约州立大学图书馆科学士学位，1920年任职于美国国会图书馆中文编目部，1921年任国立东南大学教授，兼图书馆主任，1924年被选为中华图书馆协会董事，1927年任中国国民党中央党务学校图书馆主任。1928年任国立清华大学图书馆主任。

出自：宋景祁等编.中国图书馆名人录，一名，中国图书馆界人名录.上海：上海图书馆协会，1930：48

图书馆老照片

侯鸿鉴

字保三,别号病骥,江苏无锡县人,曾创办无锡县立图书馆、竞志图书馆、福建省立图书馆。

出自:宋景祁等编.中国图书馆名人录,一名,中国图书馆界人名录.上海:上海图书馆协会,1930:52

胡怀卿

时任光华大学图书馆管理员。

出自:光华大学编.光华年刊:丙寅年.上海:光华大学,1926

胡俊

时任广州市市立中山图书馆委员。

出自：广州市市立中山图书馆编. 广州市市立中山图书馆特刊.［广州］：广州市市立中山图书馆,［1930］

胡鸣盛

时任国立山东大学图书馆主任兼中文教授。

出自：山大二五年刊编辑委员编. 山大年刊：民国廿五年. 青岛：国立山东大学二五级级会，1936

图书馆老照片

胡千之

时任北平私立木斋图书馆董事兼馆长。

出自：北平私立木斋图书馆季刊，1937（2）

胡少廷

时任育英中学图书馆助理。

出自：育英学校年刊委员会编辑部编. 育英中学校年刊. 北平：育英学校年刊委员会，1934：34

胡萧梧

时任苏州国医学校图书馆馆长。

出自:苏州国医学校编.苏州国医杂志.苏州:苏州国医书社[发行],1935(7)

胡延枭

时任安徽省立图书馆编藏股员。

出自:安徽省立图书馆编.安徽省立图书馆概况.安庆:安徽省立图书馆,1933

图书馆老照片

胡正支

北平市立图书馆学讲习班中文分类目录排检法讲师。

出自：北平市立图书馆学讲习班同学录：第一班.[出版者不详]，1948

虎臣

字矫如，曾任中央大学农学院英文编辑兼图书馆代理主任。

出自：宋景祁等编.中国图书馆名人录，一名，中国图书馆界人名录．上海：上海图书馆协会，1930，45

华泽沅

字芷舲,天津人。历任天津县视学,劝学所长,教育局长,广智馆博物院、崇化学会董事,河北省立第一图书馆馆员。

出自:宋景祁等编.中国图书馆名人录,一名,中国图书馆界人名录.上海:上海图书馆协会,1930:123

黄警顽

别号心邺,上海人。在商务印书馆兼任涵芬楼编目,且在书业商会图书馆任职。创办中华武术会图书馆、广智流动图书馆、通信图书馆等。

出自:宋景祁等编.中国图书馆名人录,一名,中国图书馆界人名录.上海:上海图书馆协会,1930:120

图书馆老照片

黄郎若

福建建瓯县公立图书馆发起人。

出自：建瓯县公立图书馆编. 福建建瓯县公立图书馆十周年纪念刊. [建瓯县]：建瓯县公立图书馆，1930

黄谦益

时任广州市市立中山图书馆委员。

出自：广州市市立中山图书馆编. 广州市市立中山图书馆特刊. [广州]：广州市市立中山图书馆，[1930]

黄望平

上海人，黄警顽之弟。1929年夏任中华职业学校图书馆主任。

出自：宋景祁等编.中国图书馆名人录，一名，中国图书馆界人名录.上海：上海图书馆协会，1930：115

黄维廉

字介成，上海人。1920年秋任约翰大学罗氏图书馆助理，1921年秋升任副馆长，1924年6月与孙心磐、杜定友、黄警顽等发起组织上海图书馆协会，1926年春升任罗氏图书馆代理馆长，1927年秋任南京国立中央大学图书馆西文编目主任，1928年秋复任罗氏图书馆代理馆长。

出自：宋景祁等编.中国图书馆名人录，一名，中国图书馆界人名录.上海：上海图书馆协会，1930：117

图书馆老照片

黄维荣

字龙光,江苏青浦人。曾任复旦大学辅庭图书馆(即心理学图书馆)馆员及复旦大学图书馆委员会委员各二年,1928年起任上海澄衷中学图书馆主任。

出自:宋景祁等编.中国图书馆名人录,一名,中国图书馆界人名录.上海:上海图书馆协会,1930:118

黄文渊

字葆荪,湖南湘乡人。1929年任甘肃省政府教育厅秘书,兼充甘肃省公立图书馆图书部主任。

出自:宋景祁等编.中国图书馆名人录,一名,中国图书馆界人名录.上海:上海图书馆协会,1930:113

黄翼云

时任福建省立图书馆馆长。

出自：福建省立图书馆编. 福建省立图书馆概况. 福州：福建省立图书馆，1931

黄豫才

江苏南汇人。1929年自国立中央大学学成回乡，应教育局之聘创设县立民众图书馆。

出自：宋景祁等编. 中国图书馆名人录，一名，中国图书馆界人名录. 上海：上海图书馆协会，1930：119

图书馆老照片

黄尊三

字达生,湖南泸溪人。时任北平民国大学总务长,兼图书馆主任。

出自:宋景祁等编. 中国图书馆名人录,一名,中国图书馆界人名录. 上海:上海图书馆协会,1930:118

霍怀恕

时任安徽省立图书馆编藏股主任。

出自:安徽省立图书馆编. 安徽省立图书馆概况. 安庆:安徽省立图书馆,1936

贾麟炳

字炎生,山西太谷人。时任山西铭贤学校教务会主席,兼任图书馆主任。

出自:宋景祁等编.中国图书馆名人录,一名,中国图书馆界人名录.上海:上海图书馆协会,1930:127

寒季常

时任松坡图书馆干事。

出自:松坡图书馆编辑.松坡图书馆十九年份报告.北平:松坡图书馆,1931

图书馆老照片

江翰

字叔海,福建长汀人。1912年任京师图书馆馆长。

出自:中国第二历史档案馆编.中华民国历史图片档案第一卷(2).北京:团结出版社,2002:809

江俊甫

时任交通大学唐山院图书馆主任。

出自:[交通大学编].励群达用:交通大学唐山院民廿三年级毕业纪念册[唐山]:交通大学唐山院,[1934]:88

姜亮夫

名寅清,字亮夫,云南昭通人。曾历任复旦大学、河南大学、东北大学、云南大学、上海持志学院教授。1949年初,云南省立昆华图书馆和省立志舟图书馆合并为省立志舟图书馆,姜亮夫为省立志舟图书馆馆长。

出自:上海持志学院编.持志年刊:卷六 民国二十年.上海:上海持志学院[发行],1931

姜世长

北平市立图书馆学讲习班学员,来自北平。

出自:北平市立图书馆学讲习班同学录:第一班.[出版者不详],1948

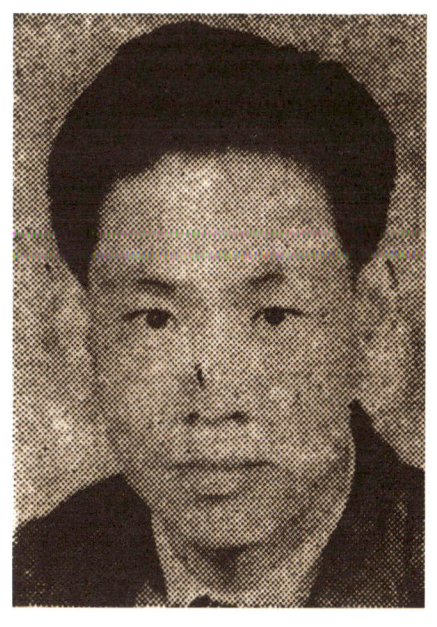

蒋径三

时任国立中山大学语言历史学研究所助教，兼图书馆中日文总编目及图书馆报编辑。

出自：宋景祁等编.中国图书馆名人录，一名，中国图书馆界人名录.上海：上海图书馆协会，1930：144

蒋希曾

字孝丰，世居湘乡之西阳。1921年任北大图书馆馆员。1922年任职厦门集美学校图书馆。1929年组织福建图书馆协会。将家藏丹桂楼图书三万册公开，更名丰乐图书馆，并董理一切。筹设浙江省立水产学校水产专门图书馆。

出自：宋景祁等编.中国图书馆名人录，一名，中国图书馆界人名录.上海：上海图书馆协会，1930：140

蒋一前

名家骧,原字彝潜,后改字一前,以字行。江苏江宁人。师从李小缘专攻图书馆学。因成绩优异,肄业时即被母校南京金陵大学聘为职员,毕业后续聘为该校图书馆西文编目部主任,兼图书馆学系助教。1929年秋改任东北大学图书馆中文编目部主管。后任中央大学图书馆馆员。系中华图书馆协会会员及协会检字委员会委员。

出自:宋景祁等编.中国图书馆名人录,一名,中国图书馆界人名录.上海:上海图书馆协会,1930:142

蒋吟秋

时任江苏省立苏州图书馆馆长。

出自:年刊编纂委员会编.江苏省立苏州图书馆年刊.苏州:江苏省立苏州图书馆,[1936]

蒋元卿

时任安徽省立图书馆编藏股员。

出自：安徽省立图书馆编.安徽省立图书馆概况.安庆：安徽省立图书馆，1933

金翰宗

时任上海持志学院图书馆管理。

出自：上海持志学院编.持志年刊：卷六　民国二十年　上海·上海持志学院[发行]，1931

金家菊

北平市立图书馆学讲习班学员,来自北平。

出自:北平市立图书馆学讲习班同学录:第一班.[出版者不详],1948

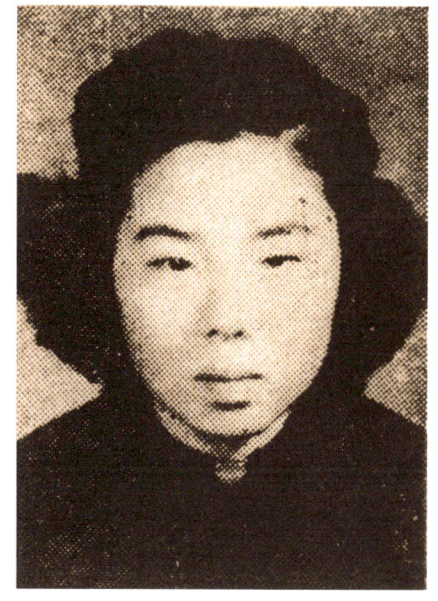

金敏甫

名善培,字敏甫,以字行。江苏青浦人。曾任国立暨南大学洪年图书馆编目主任,后任南京铁道部图书馆副馆长。

出自.宋景祁等编.中国图书馆名人录,一名,中国图书馆界人名录.上海:上海图书馆协会,1930:46

图书馆老照片

金云铭

又名文铭,福建闽侯人。1925年考入福建协和大学修业兼该校图书馆助理,后任福建协和大学图书馆副主任、主任。

出自:宋景祁等编.中国图书馆名人录,一名,中国图书馆界人名录.上海:上海图书馆协会,1930:47

柯璜

字定础,浙江黄岩人。创办私立三晋高级中学、洗心社、山西公立图书馆。时任山西省立民众教育馆副馆长。

出自:山西省立民众教育馆编.山西省立民众教育馆三周年刊:民国二十五年.太原:山西省立民众教育馆,1936

孔敏中

上海人。曾在清华大学图书馆、南京中央政治学校图书馆服务,曾任辽宁同泽中学教员及图书馆主任。

出自:宋景祁等编.中国图书馆名人录,一名,中国图书馆界人名录.上海:上海图书馆协会,1930:8

黎德贞

北平市立图书馆学讲习班学员,来自河北通县。

出自:北平市立图书馆学讲习班同学录:第一班.[出版者不详],1948

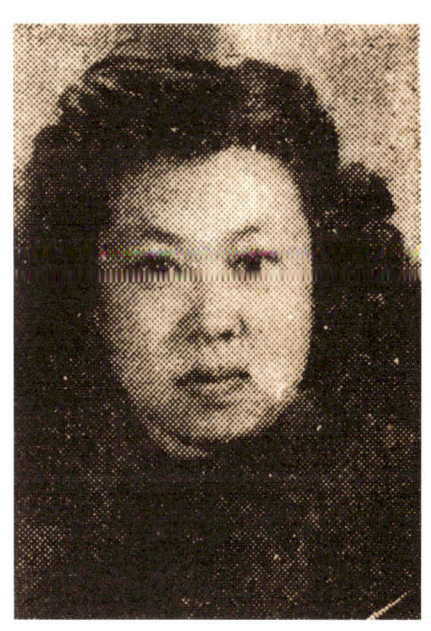

李宝勋

北平市立图书馆学讲习班副主任。

出自：北平市立图书馆学讲习班同学录：第一班.[出版者不详]，1948

李次民

字史峰，广东兴宁县人。毕业于中国公学，获学士学位，任职于中国公学社会科学院图书馆，后任广西大学图书馆主任。

出自：广西大学民二五级编.广西大学民二五级毕业纪念册.[出版地不详]：广西大学民二五级，1936

李大钊

时任国立北京大学图书馆主任。

出自：国立北京大学编. 国立北京大学廿周年纪念册. 北京：国立北京大学，[1918]

李菜

时任武昌中华大学图书馆管理员。

出自：武昌中华大学编. 武昌中华大学三十六届毕业同学录. 武昌：武昌中华大学，1935

图书馆老照片

李汉民

时任北平中国学院图书馆主任。

出自：北平中国学院编. 一九三五年之北平中大. 北平：北平中国学院, 1935

李寰

时任万县公立图书馆馆长。

出自：[万县公立图书馆]编. 万县公立图书馆概要. [出版地不详]：[万县公立图书馆], 1930

| 人物篇

李明若

时任景堂图书馆职员。

出自：景堂图书馆编.景堂图书馆概况.新会（广东）：景堂图书馆，1926

李如桢

时任北平育英中学图书馆助理。

出自：育英中学年刊委员会编.育英年刊：出版十周年纪念.北平：育英中学年刊委员会，1939

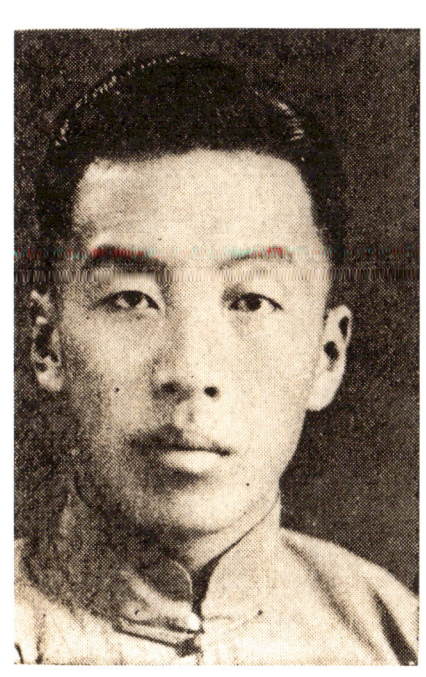

图书馆老照片

李小圃

时任无锡县图书馆馆员。

出自：无锡县图书馆编. 无锡县图书馆概况. [无锡]：无锡县图书馆，[1931]

李小缘

江苏江宁人。1920年毕业于南京金陵大学。1923年获美国纽约州立图书馆学校图书馆学学士，并任纽约州立图书馆书目员。次年入哥伦比亚大学教育研究院，得教育社会学硕士。1922—1924年之暑期任美国国会图书馆中文部主任。归国后任金陵大学图书馆馆长，兼图书馆学系主任。还曾担任中央大学国学图书馆参议。1929年春被聘为东北大学图书馆馆长。

出自：中央大学国学图书馆编. 中央大学国学图书馆第一年刊. 南京：南京龙蟠里本馆[发行]，[1928]

| 人物篇 |

李协勋

时任国立北平大学农学院图书馆管理员。

出自：国立北平大学农学院编.国立北平大学农学院第八届毕业同学纪念册.北平：国立北平大学农学院，1936

李学濂

北平市立图书馆学讲习班注册课主任兼副班长。

出自：北平市立图书馆学讲习班同学录：第一班.[出版者不详]，1948

图书馆老照片

李燕亭

原名长春,河北定兴县人。1924年任河南中州大学图书馆主任兼化学教授。后改组为河南中山大学,任图书馆主任兼教授。

出自:宋景祁等编.中国图书馆名人录,一名,中国图书馆界人名录,上海:上海图书馆协会,1930:30

李仪可

时任景堂图书馆职员。

出自:景堂图书馆编.景堂图书馆概况.新会(广东):景堂图书馆,1926

| 人物篇 |

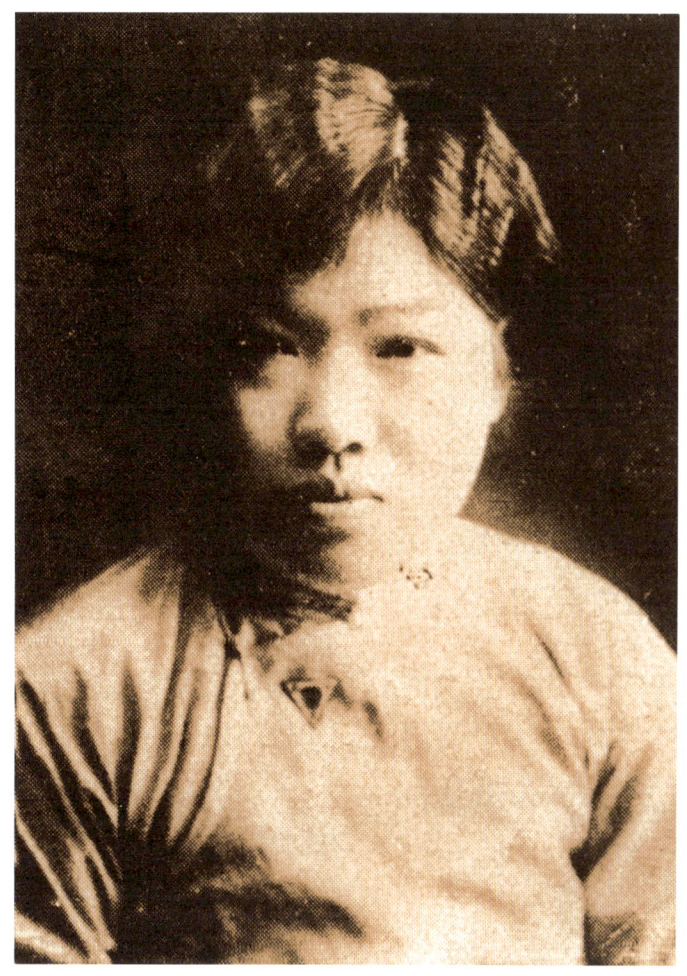

李宜清

时任安徽省立图书馆儿童阅览室管理员。

出自：安徽省立图书馆编. 安徽省立图书馆概况. 安庆：安徽省立图书馆，1933

图书馆老照片

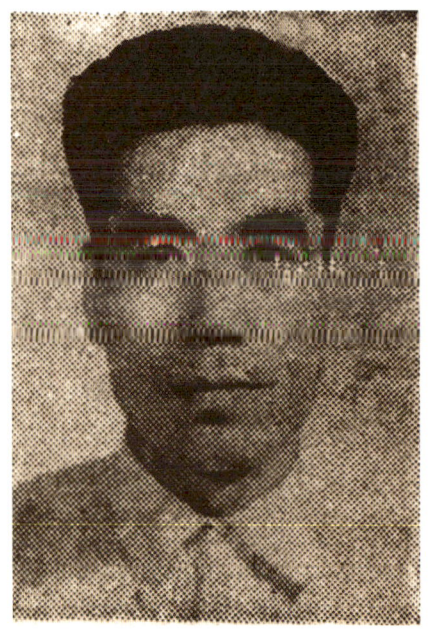

李钰荃

北平市立图书馆学讲习班学员，来自河北通县。

出自：北平市立图书馆学讲习班同学录：第一班.[出版者不详]，1948

李元腾

北平市立图书馆学讲习班学员，来自山东阳谷。

出自：北平市立图书馆学讲习班同学录：第一班.[出版者不详]，1948

| 人物篇 |

李岳

字汉青,福建永春人。1928年创办鼓浪屿中山图书馆,担任董事,精心筹划,不久被推举担任馆长。

出自:宋景祁等编. 中国图书馆名人录,一名,中国图书馆界人名录. 上海:上海图书馆协会,1930:26

图书馆老照片

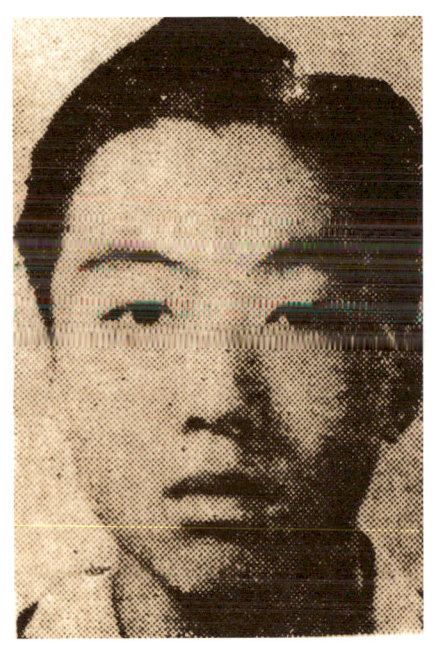

李曾璞

北平市立图书馆学讲习班学员,来自河北密云。

出自:北平市立图书馆学讲习班同学录:第一班.[出版者不详],1948

李钟履

时任北平市立图书馆学讲习班图书参考工作讲师。

出自:北平市立图书馆学讲习班同学录:第一班.[出版者不详],1948

| 人物篇 |

李钟乔

时任安徽天长县图书馆馆长。

出自：天长县立公园暨图书馆编.天长县立公园暨图书馆二周年纪念汇刊.天长县（安徽）：天长县立公园暨图书馆，1924

李钟瑞

江苏无锡县人。江苏省女子蚕业学校本科第一届毕业生，曾任本校教员。著有《蚕业图书馆概况目录》等。

出自：宋景祁等编.中国图书馆名人录.一名.中国图书馆界人名录.上海：上海图书馆协会，1930：32

梁启超

广东新会人。曾出任松坡图书馆、国立京师图书馆馆长。

出自：图书馆学季刊，1929，3（1-2）

梁瑞山

时任北平财政商业专科学校图书馆主任。

出自：北平财政商业专科学校编. 财商年鉴. 北平：北平财政商业专科学校，[1934]

梁兆澧

字符南，河北安新人。历任绥远全区图书馆馆长，天津通俗图书馆主任，兼河北省教育厅科员。1929年教育厅恢复成立，任该厅第三科科员，兼理河北省立第二图书馆事宜。

出自：宋景祁等编. 中国图书馆名人录，一名，中国图书馆界人名录. 上海：上海图书馆协会，1930：78

图书馆老照片

林士美

时任上海民立中学图书馆管理员。

出自：陈天鸿编. 上海民立中学图书馆概况. 上海：上海民立中学图书馆，1926

林斯德

时任国立上海商学院图书馆管理员。

出自：国立上海商学院编. 国立上海商学院第二届毕业纪念刊. 上海：国立上海商学院，1934：44

林云陔

时任广州市市立中山图书馆委员。

出自:广州市市立中山图书馆编.广州市市立中山图书馆特刊.[广州]:广州市市立中山图书馆,[1930]

林泽薇

字露园,福建闽侯人。时任福建教育厅图书馆管理员、福建图书馆协会执行委员。

出自:宋景祁等编.中国图书馆名人录,一名,中国图书馆界人名录.上海:上海图书馆协会,1930:41

凌善安

时任北平中国学院图书馆主任。

出自:北平中国学院编.北平中国学院概览:民国二十三年度.北平:北平中国学院,1934

刘福慧

北平市立图书馆学讲习班学员,来自北平。

出自:北平市立图书馆学讲习班同学录:第一班.
[出版者不详],1948

刘复彭

时任安徽省立图书馆普通阅览室管理员。

出自:安徽省立图书馆编.安徽省立图书馆概况.安庆:安徽省立图书馆,1933

刘国钧

时任金陵大学文学院院长兼秘书长。当时金陵大学文学院下设八系，第八系为教育系，该系下设三组，第三组为图书馆学组。

出自：金陵大学编. 金陵年刊. 南京：金陵大学，1935

| 人物篇 |

刘华锦

安徽省立图书馆编藏股主任。

出自：安徽省立图书馆编.安徽省立图书馆概况.安庆：安徽省立图书馆，1933

图书馆 老照片

刘纪文

南京特别市市长，南京特别市市立图书馆创办人。右为许淑珍。本图原名"本馆创办人刘市长纪文许女士淑珍近影"，许淑珍系刘纪文之妻。

出自：南京特别市市立图书馆编. 南京特别市市立图书馆图书目录. 南京：南京特别市市立图书馆，1930

刘喜亭

山东高密人。时任济南师范学校图书馆管理员。

出自：济南师范学校编.济南师范九级同学录：二十五年.济南：济南师范学校，1936

刘祖仁

一名佐人，字希尊，江苏镇江人。时任国立中央大学农学院图书馆英文书记，兼办理中西文分类编目事宜。

出自：宋景祁等编.中国图书馆名人录.一名.中国图书馆界人仕录.上海：上海图书馆协会，1930：149

柳诒徵

时任中央大学国学图书馆馆长。

出自：中央大学国学图书馆编. 中央大学国学图书馆第一年刊. 南京：南京龙蟠里本馆[发行]，[1928]

| 人物篇 |

龙云

在担任云南省主席时，主持建立了云南省昆明图书馆。该馆后来与省立昆华图书馆合并，成为今天的云南省图书馆的前身。

出自：云南大学编辑委员会编辑. 云南大学一览：民国二十五年份. 昆明：云南大学，1937

卢木斋

名靖，字勉之，号木斋，湖北沔阳人。创建了北平私立木斋图书馆和南开大学图书馆。

出自：北平私立木斋图书馆季刊，1937（创刊号）

图书馆老照片

卢章耀

浙江诸暨人。时任国立杭州艺术专科学校图书馆主任兼讲师。

出自：宋景祁等编. 中国图书馆名人录，一名，中国图书馆界人名录. 上海：上海图书馆协会，1930：15

陆步洲

时任中国流通图书馆筹备委员会副主席。

出自：[中国流通图书馆]编. 中国流通图书馆开幕特刊. [上海]：[中国流通图书馆]，[1937-1945]

陆华深

广东中山人。武昌华中大学文学士,武昌文华大学图书专科毕业。1925年夏任九江牯岭图书馆馆长,1926年夏任国立北平图书馆编目员,1927春任天津南开大学图书馆副主任,1928年夏升任主任。

出自:宋景祁等编. 中国图书馆名人录,一名,中国图书馆界人名录. 上海:上海图书馆协会,1930:91

陆世光

北平市立图书馆学讲习班学员,来自河北通县。

出自:北平市立图书馆学讲习班同学录:第一班. [出版者不详],1948

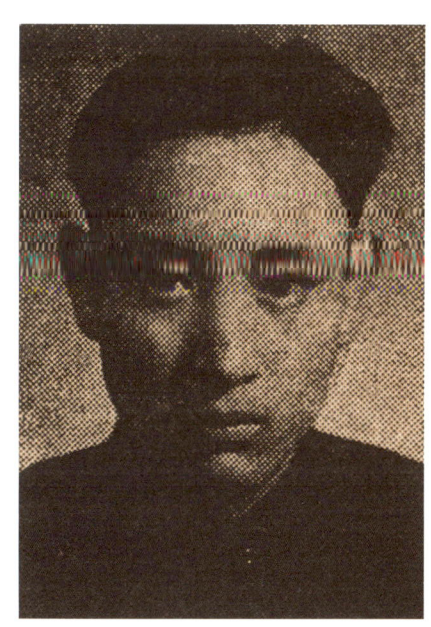

陆秀

字佛侬,江苏无锡人。曾任北京高师图书馆事务员,1926年9月至1928年6月就读于文华图专。毕业后任国立浙江大学工学院图书馆主任。

出自:教育丛刊,1921,2(2)

陆幼刚

时任广州市市立中山图书馆委员。

出自:广州市市立中山图书馆编.广州市市立中山图书馆特刊.[广州]:广州市市立中山图书馆,[1930]

| 人物篇 |

路敏行

字季讷,江苏宜兴人。曾任中国科学社总干事,1926年秋兼任中国科学社图书馆馆长。

出自:宋景祁等编.中国图书馆名人录,一名,中国图书馆界人名录.上海:上海图书馆协会,1930:136

吕绍虞

时任上海大夏大学图书馆馆长兼图书馆学讲师。

出自:(美)古罗德(J. T. Gerould)著;吕绍虞译.大学图书馆建筑.北平:中华图书馆协会,1936

吕子珍

时任天津市市立图书馆编辑委员会委员长。

出自：天津市市立通俗图书馆月刊，1935，2（2）

罗光复

原名家钰，广东合浦人。时任汕头市立图书馆馆员。

出自：宋景祁等编. 中国图书馆名人录，一名，中国图书馆界人名录. 上海：上海图书馆协会，1930：165

| 人物篇 |

罗静轩

时任北平特别市市立第一普通图书馆馆长。

出自：北平特别市市立第一普通图书馆编. 北平特别市市立第一普通图书馆周年纪念刊. [北平]：北平特别市市立第一普通图书馆，1930

图书馆老照片

罗淑勤

北平市立图书馆学讲习班学员,来自河北通县。

出自:北平市立图书馆学讲习班同学录:第一班.[出版者不详],1948

马宗荣

号继华,贵州贵阳人。1919年被选送留学日本,专攻教育行政、社会教育、图书馆学。曾任上海特别市教育局督学、大夏大学图书馆主任兼社会教育系主任。

出自:大夏大学年鉴社编.大夏年鉴.上海:大夏大学年鉴社,1930

| 人物篇 |

毛汶

时任安徽省立图书馆临江分馆主任。

出自：安徽省立图书馆编. 安徽省立图书馆概况. 安庆：安徽省立图书馆，1936

孟昭镕

字治良，天津人。1925年夏，入南开大学图书馆中文编目股服务，后任南开中学图书馆事务员。

出自：东吴张继振. 中国图书馆服务录　　山．中国图书馆界人名录. 上海：上海图书馆协会，1930：42

图书馆老照片

缪荃孙

1910年5月—1911年出任京师图书馆馆长。

出自：图书馆学季刊，1926，1（2）

莫国樑

时任景堂图书馆职员。

出自：景堂图书馆编. 景堂图书馆概况. 新会（广东）：景堂图书馆，1926

南尚文

字彬如,河北宛平人。时任国立北平大学法学院图书课课长。

出自:宋景祁等编.中国图书馆名人录,一名,中国图书馆界人名录.上海:上海图书馆协会,1930:51

年景丰

时任北京汇文学校图书部主任。

出自:北京汇文学校一九二七年年刊委员会编.北京汇文学校年刊:一九二七.北京:北京汇文学校一九二七年年刊委员会,[1927]:19

图书馆老照片

钮志培

北平市立图书馆学讲习班学员,来自北平。

出自:北平市立图书馆学讲习班同学录:第一班.[出版者不详],1948

欧阳藻

时任景堂图书馆职员。

出自:景堂图书馆编.景堂图书馆概况.新会(广东):景堂图书馆,1926

欧阳祖经

字仙贻,江西南城人。1927年冬任江西省立图书馆主任。

出自:江西省立图书馆编. 江西省立图书馆馆务汇刊. [出版地不详]:江西省立图书馆,1929

潘甫澄

时任之江大学图书馆主任。

出自:之江大学年刊社编. 之江年刊:民国二五年. 杭州:之江大学年刊社,1936

图书馆老照片

彭国元

时任上海法政学院图书馆主任。

出自：上海法政学院丙子级级友会编.上海法政学院第十二届毕业纪念刊.上海：上海法政学院丙子级级友会，[1937]

浦浩

字浩之，江苏吴县人。时任上海民立中学图书馆管理员。

出自：宋景祁等编.中国图书馆名人录，一名，中国图书馆界人名录.上海：上海图书馆协会，1930：58

浦漱石

时任上海民立中学图书馆管理员。

出自:陈天鸿编. 上海民立中学图书馆概况. 上海:上海民立中学图书馆, 1926

齐淑贤

北平市立图书馆学讲习班学员,来自北平。

出自:北平市立图书馆学讲习班同学录:第一班. [出版者不详], 1948

图书馆老照片

钱寿椿

字茂护。时任淮安县立通俗教育馆图书馆部主任,淮安县立图书馆筹备员。

出自:宋景祁等编. 中国图书馆名人录,一名,中国图书馆界人名录. 上海:上海图书馆协会,1930:151

乔荣光

时任北平育英中学图书馆助理。

出自:育英中学校年刊委员会编. 育英年刊:1935. 北平:育英中学校年刊委员会,1935

| 人物篇 |

乔钟楠

时任山西大学图书馆主任。

出自：山西大学出版委员会编. 山西大学同学录. 太原：山西大学出版委员会，1937

秦光玉

字璞安，云南呈贡人。曾任云南图书博物馆馆长，以及辑刻丛书处总经理。撰有《云南图书馆图书分类法》等。

出自：宋原放等编. 中国图书馆名人录，一名，中国图书馆界人名记. 上海：上海图书情报出，2001: 64

尚纯一

字悟三，黑龙江肇州县人，1926年任县通俗教育讲演所所长。1928年任县通俗图书馆主任。1929年秋，调任肇州县古鲁乡尚公学校校长兼古鲁乡六也图书馆主任。

出自：宋景祁等编. 中国图书馆名人录，一名，中国图书馆界人名录. 上海：上海图书馆协会, 1930·43

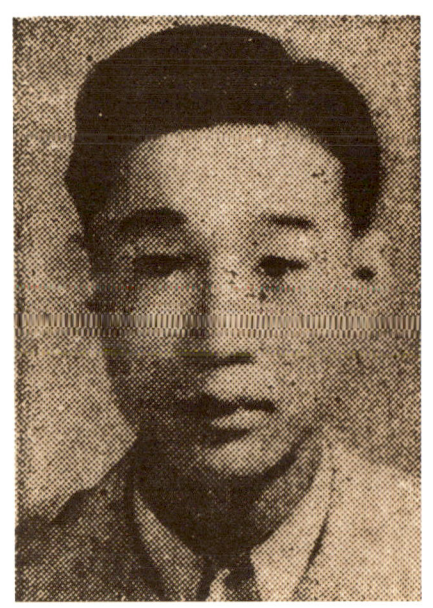

尚玉仲

北平市立图书馆学讲习班学员，来自山东平阴。

出自：北平市立图书馆学讲习班同学录：第一班.[出版者不详], 1948

邵丙灏

时任交通大学图书馆书记。

出自：交通大学编. 交通大学年刊：二十年. 上海：交通大学，1931

邵作德（Emest T. Shaw）

时任北平育英中学副校长兼英语主任、图书馆主任。

出自：育英学校年刊委员会编辑部编. 育英中学校年刊. 北平：育英学校年刊委员会，1934：28

图书馆老照片

沈静之

名权，字衡元，又改字静之，以字行。湖南湘潭人。曾任广东钦州廉钦高等工业学校英文教员，兼管图书。

出自：宋景祁等编. 中国图书馆名人录，一名，中国图书馆界人名录. 上海：上海图书馆协会，1930：21

沈曼匋

时任金陵中学图书馆主任。

出自：金陵中学编. 金陵中学校刊：第7期特号. 南京：金陵中学，[1934]

沈文华

字扶摇,浙江桐乡人。时任上海清心中学教员、清心中学图书馆委员会委员。

出自:宋景祁等编.中国图书馆名人录,一名,中国图书馆界人名录.上海:上海图书馆协会,1930:19

沈孝祥

福建闽侯人。时任中华通讯图书馆筹备委员会主任、中华图书馆协会会员、福建图书馆协会执行委员兼编辑,曾出席中华图书馆协会年会。

出自:宋景祁等编.中国图书馆名人录,一名,中国图书馆界人名录.上海:上海图书馆协会,1930:20

图书馆老照片

沈翊华

时任上海民立中学图书馆管理员。

出自：陈天鸿编. 上海民立中学图书馆概况. 上海：上海民立中学图书馆，1926

沈增庠

时任北平育英中学图书馆助理。

出自：育英学校年刊委员会编辑部编. 育英中学校年刊. 北平：育英学校年刊委员会，1934：34

沈子良

曾任苏州图书馆馆长。

出自：苏州图书馆编.中央大学区立苏州图书馆一览.[苏州]：[苏州图书馆]，1928

盛际唐

时任交通大学图书馆办事员。

出自：交通大学编.交通大学年刊：民国二十年.上海：交通大学，1931

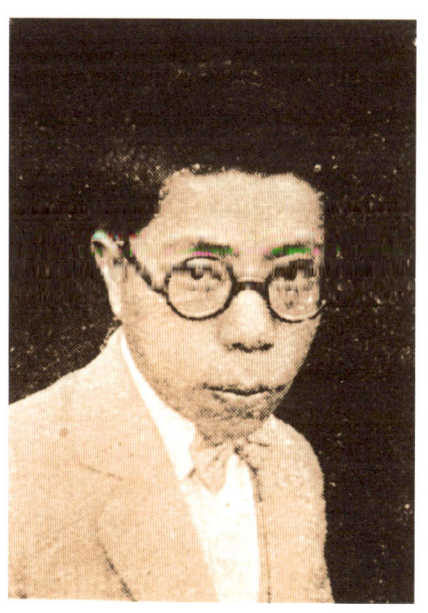

图书馆老照片

施汝霖

万县公立图书馆文书部主任。

出自：[万县公立图书馆]编.万县公立图书馆概要.[出版地不详]：[万县公立图书馆]，1930

施仲明

1927年在广州市国立中山大学图书馆工作，曾任编目科助理等职，后任交通部第一交通大学图书馆典藏股股员。

出自：交通大学编.交通大学年刊：民国二十年.上海：交通大学，1931

石惠增

北平市立图书馆学讲习班学员,来自河北宛平。

出自:北平市立图书馆学讲习班同学录:第一班.[出版者不详],1948

石少璞

字开珪,世居汝南零陵北乡。时任零陵私立新民学校训育主任兼智林图书馆馆员。

出自:宋景祁等编. 中国图书馆名人录,一名,中国图书馆界人名录. 上海:上海图书馆协会,1930:9

石斯馨

江苏青浦人。曾集合同志经营上海通信图书馆,为社会人士服务。后任职于上海邮务管理局图书馆。

出自:宋景祁等编.中国图书馆名人录, 一名,中国图书馆界人名录.上海:上海图书馆协会,1930:10

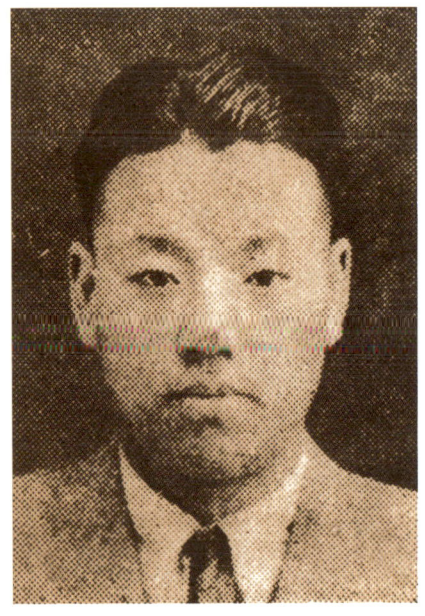

石锡璋

北平市立图书馆学讲习班学员、庶务,来自北平。

出自:北平市立图书馆学讲习班同学录:第一班.[出版者不详],1948

| 人物篇 |

史量才

申报流通图书馆创办人。

出自：[申报流通图书馆]编.申报流通图书馆第二年工作报告：纪念史量才先生.[上海]：[申报流通图书馆]，[1935]

释太虚

太虚法师，浙江嘉兴人。时任世界佛学苑图书馆馆长。1921年创设佛学院（后更名为"世界佛学苑"）于武昌，并于院内添置经像图书馆，备欲阅览。

出自：海潮音，1934，15（7）

图书馆老照片

宋春舫

浙江吴兴人。收藏关于欧美戏剧书籍极多,约有三千余册,并有褐木庐戏剧图书馆之计划。

*出自:*宋景祁等编.中国图书馆名人录,一名,中国图书馆界人名录.上海:上海图书馆协会,1930:18

宋景祁

时任上海清心中学图书馆主任,图书馆学科教员,上海图书馆协会附设图书馆学函授学社副社长。

*出自:*宋景祁等编.中国图书馆名人录,一名,中国图书馆界人名录.上海:上海图书馆协会,1930:9

孙缦云

北平市立图书馆学讲习班学员,来自山东烟台。

出自:北平市立图书馆学讲习班同学录:第一班.[出版者不详],1948

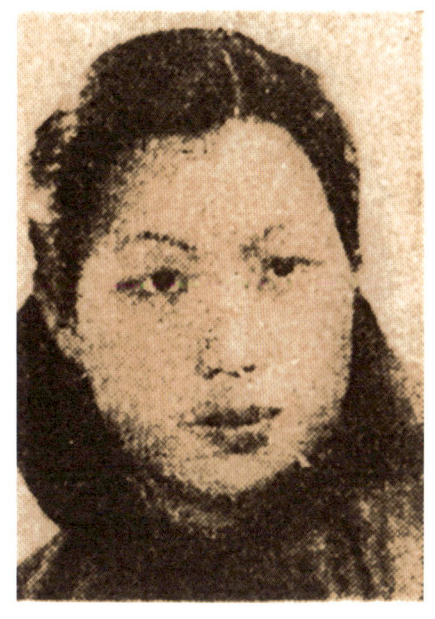

孙荣华

时任安徽省立图书馆装订员。

出自:安徽省立图书馆编.安徽省立图书馆概况.安庆:安徽省立图书馆,1933

图书馆老照片

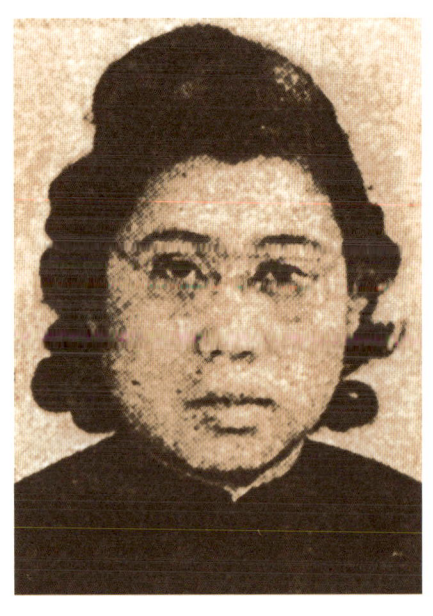

孙睿方

北平市立图书馆学讲习班学员,来自安徽寿县。

出自:北平市立图书馆学讲习班同学录:第一班.[出版者不详],1948

孙述万

字书城,湖北黄陂人。湖北武昌文华大学文学士,文华图书科毕业。1928年春至1928年9月任湖北省立图书馆馆长,后任厦门大学图书馆代理主任。

出自:厦门大学编.厦大年刊.厦门:厦门大学,1929

孙树庭

字兰阶,吉林榆树人。1924年任吉林省榆树县讲演所主任。1928年本县讲演所、图书馆合并,改组为榆树县通俗教育馆,任教育馆馆长。

出自:宋景祁等编.中国图书馆名人录,一名,中国图书馆界人名录.上海:上海图书馆协会,1930:72

孙颂南

时任安徽省立图书馆杂志参考室管理员。

出自:安徽省立图书馆编.安徽省立图书馆概况..安庆:安徽省立图书馆,1933

孙心磐

江苏青浦人,时任复旦大学图书馆主任,兼任中华图书馆协会执行委员、上海总商会图书主任。

出自:复旦大学编.复旦大学毕业纪念刊.上海.复旦大学,1930

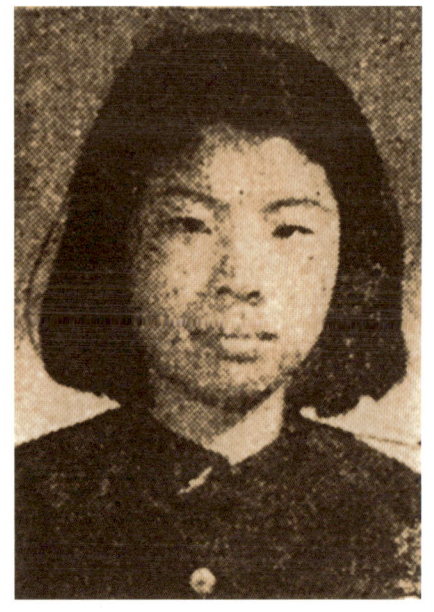

孙玄龄

北平市立图书馆学讲习班学员,来自山东海阳。

出自:北平市立图书馆学讲习班同学录:第一班.[出版者不详],1948

孙豫甫

时任安徽天长县图书馆馆长。

出自：天长县立公园暨图书馆编. 天长县立公园暨图书馆二周年纪念汇刊. 天长县（安徽）：天长县立公园暨图书馆，1924

谭卓垣

广东新会人。岭南大学毕业，于1922年获文学士学位，毕业后任岭南大学图书馆馆长。

出自：宋景祁等编. 中国图书馆名人录，一名，中国图书馆界人名录. 上海：上海图书馆协会，1930：161

图书馆老照片

汤梅荪（L. Thomason）

时任上海沪江大学图书馆管理兼英文副教授。

出自：上海沪江大学丁卯年刊社编.沪江丁卯年刊：第十二卷.上海：上海沪江大学丁卯年刊社，1927：40

汤寿潜

字蛰仙，浙江绍兴人。清翰林，生于咸丰七年。民国初年，出任浙江都督。1917年夏中风去世，遗命捐资20万元于本省文化事业，其子拙存、韦存两君，恪承先志，建议该款用于建筑图书馆，即捐建浙江省立图书馆大学路总馆。

出自：浙江省立图书馆编.浙江省立图书馆大学路总馆开幕纪念册.[杭州]：[浙江省立图书馆]，1932

汤用彤

时任中央大学国学图书馆参议。

出自:中央大学国学图书馆编.中央大学国学图书馆第一年刊.南京:南京龙蟠里本馆[发行],[1928]

唐启宇

字御仲。时任中央政治学校教授兼图书馆主任。

出自:宋景祁等编.中国图书馆名人录,一名.中国图书馆界人名录.上海:上海图书馆协会,1930:62

图书馆老照片

陶小泚

时任江苏省立苏州图书馆馆长。

出自：江苏省立苏州图书馆馆刊，1929（1）

田洪都

时任燕京大学图书馆主任。

出自：一九四〇班年刊委员会编. 燕京大学一九四〇年刊.[北平]：燕京大学一九四〇班年刊委员会，1940

| 人物篇 |

佟恩焘

时任东北大学中学部图书管理员。

出自：东北大学年鉴委员会编. 东北大学年鉴. 沈阳：东北大学年鉴委员会，1929

童欲明

时任大同县公立图书馆馆长。

出自：山西大同县公立图书馆筹备委员会编. 山西大同县公立图书馆纪念刊. [大同]：山西大同县公立图书馆筹备委员会，1936

图书馆老照片

涂贤

字遇文,浙江遂昌人。时任江苏省上海中学图书馆主任,兼上海图书馆协会执行委员。

出自:宋景祁等编.中国图书馆名人录,一名,中国图书馆界人名录.上海:上海图书馆协会,1930:59

屠诗聘

时任中国流通图书馆筹备委员会主席。

出自:[中国流通图书馆]编.中国流通图书馆开幕特刊.[上海]:[中国流通图书馆],[1937-1945]

万娴静

北平市立图书馆学讲习班学员,来自湖北沔县。

出自:北平市立图书馆学讲习班同学录:第一班.[出版者不详],1948

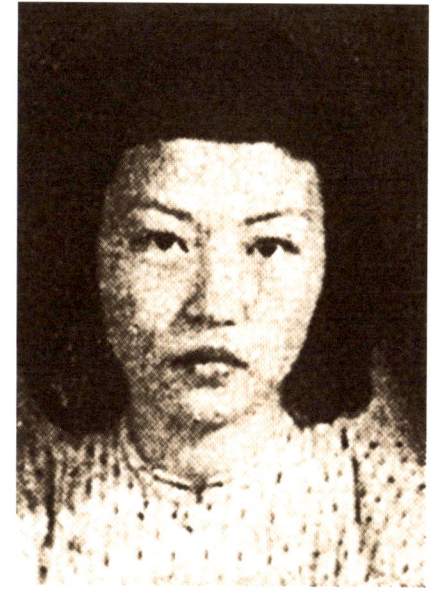

汪荫祖

时任安徽省立图书馆编藏股员。

出自:安徽省立图书馆编.安徽省立图书馆概况.安庆:安徽省立图书馆,1933

汪兆荣

时任金陵大学图书馆西文编目主任。

出自：金陵大学编. 金陵年刊. 南京：金陵大学，1935

王步鑫

北平市立图书馆学讲习班学员，来自河北冀县。

出自：北平市立图书馆学讲习班同学录：第一班.[出版者不详]，1948

王臣贵

北平市立图书馆学讲习班学员,来自河北通县。

出自:北平市立图书馆学讲习班同学录:第一班.[出版者不详],1948

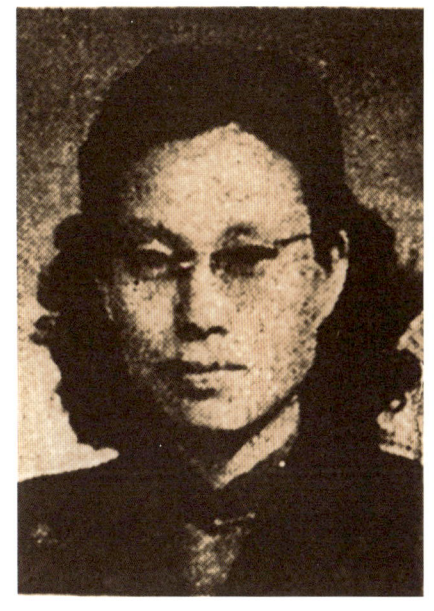

王福九

字子范,辽宁新宾人。1929 年任辽宁新宾县教育局局长,并将局内附设之通俗图书馆加以扩充,改名为新宾县立图书馆。

出自:宋景祁等编.中国图书馆名人录,一名,中国图书馆界人物志.上海:上海图书馆协会,1933.

王皋栋

时任之江大学图书馆助理。

出自：之江大学年刊社编.之江年刊：民国二十五年.杭州：之江大学年刊社，1936

王庚身

时任山西省立民众教育馆馆长。

出自：山西省立民众教育馆编.山西省立民众教育馆三周年刊：民国二十五年.太原：山西省立民众教育馆，1936

王宏谟

时任国立上海商学院图书馆主任。

出自：国立上海商学院编. 国立上海商学院第二届毕业纪念刊. 上海：国立上海商学院，1934：38

王季高

时任北平市立图书馆学讲习班主任。

出自：北平市立图书馆学讲习班同学录：第一班. [出版者不详]，1948

图书馆老照片

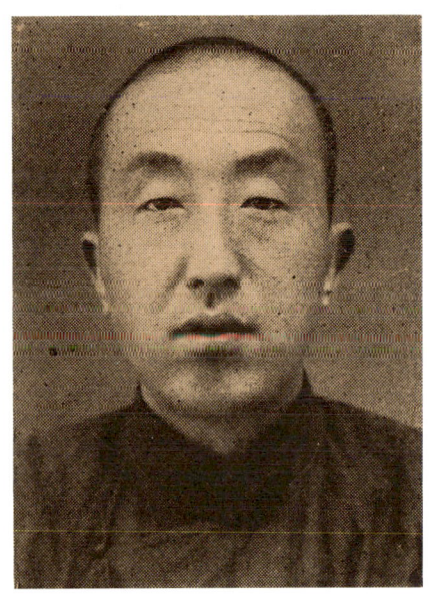

王景韩

时任北平育英中学图书馆助理。

出自：育英中学校年刊委员会编. 育英年刊：1935.
北平：育英中学校年刊委员会，1935

王凯成

时任北平大学艺术学院图书课课员。

出自：北平大学艺术学院编. 北平大学艺术学院毕业同学录. 北平：北平大学艺术学院，1929

| 人物篇 |

王凌云

时任上海法政大学图书馆管理员。

出自：上海法政大学编. 上海法政大学戊辰级毕业纪念册. 上海：上海法政大学，1928

王诺知

时任北平大学艺术学院图书课事务员。

出自：北平大学艺术学院编. 北平大学艺术学院毕业同学录. 北平：北平大学艺术学院，1929

王宪章

字子甫,黑龙江大赉人。1929年任教育局事务员兼图书馆馆长。

出自:宋景祁等编.中国图书馆名人录,一名,中国图书馆界人名录.上海:上海图书馆协会,1930:6

王献唐

山东日照人,著名学者。时任山东省立图书馆馆长。

出自:宋景祁等编.中国图书馆名人录,一名,中国图书馆界人名录.上海:上海图书馆协会,1930:7

| 人物篇 |

王雪涛

时任北平大学艺术学院图书课课长。

出自：北平大学艺术学院编. 北平大学艺术学院毕业同学录. 北平：北平大学艺术学院，1929

王祥和

河北沧县人，医生。北平私立汇文学校捐助最多者，该校图书馆取名祥和图书馆以示纪念。

出自：北平私立汇文学校编. 汇文年刊：一九三六. 北平：北平私立汇文学校，1936

图书馆老照片

王瀣

时任中央大学国学图书馆参议。

出自：中央大学国学图书馆编. 中央大学国学图书馆第一年刊. 南京：南京龙蟠里本馆［发行］，[1928]

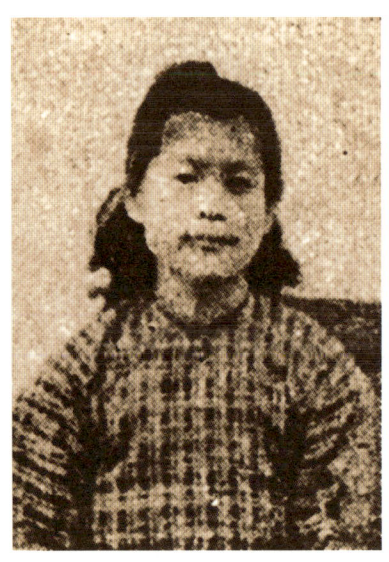

王毓华

北平市立图书馆学讲习班学员，来自北平。

出自：北平市立图书馆学讲习班同学录：第一班.［出版者不详］，1948

| 人物篇 |

王云五

时任东方图书馆董事兼馆长（东方图书馆首任馆长）。

出自：[东方图书馆]编.东方图书馆概况.[上海]：[商务印书馆]，1926

王正旺

时任安徽省立图书馆总务股主任。

出自：安徽省立图书馆编.安徽省立图书馆概况.安庆：安徽省立图书馆，1936

图书馆老照片

韦棣华（Mary Elizabeth Wood）

美国人。1900年到达武昌并留在中国任教。1910年在武昌昙华林文华大学校园内建立了公共图书馆"文华公书林"。1920年3月在文华大学创立了文华图书科，1929年，图书科独立为文华图书馆学专科学校，成为中国最早的图书馆学专科学校。1931年5月病逝于武昌。

出自：文华图书科季刊，1931，3（3）

卫聚贤

山西万县人,任职于教育部及南京古物保存所,代表该所出席中华图书馆协会第一次年会。

出自:宋景祁等编.中国图书馆名人录,一名,中国图书馆界人名录.上海:上海图书馆协会,1930:154

魏烈尹

福建建瓯县公立图书馆发起人。

出自:建瓯县公立图书馆编.福建建瓯县公立图书馆十周年纪念刊.[建瓯]:建瓯县公立图书馆,1930

图书馆老照片

翁笑涛

时任大夏大学中学部国文教员兼图书馆主任。

出自：大夏大学年鉴社编.大夏年鉴.上海：大夏大学年鉴社，1930

乌芸辉

北平市立图书馆学讲习班学员，来自山东济南。

出自：北平市立图书馆学讲习班同学录：第一班.[出版者不详]，1948

乌泽声

时任中东铁路图书馆馆长。

出自：中东铁路图书馆编.中东铁路图书馆图书目录.哈尔滨：中东铁路图书馆，[1931]：19

吴庚鑫

字孝候，江苏江都人。时任江都公立通俗教育图书馆馆长。

出自：宋景祁等编.中国图书馆名人录，一名，中国图书馆界人名录.上海：上海图书馆协会，1930：[41]

吴鸿藻

字子筠,广东潮安人。建议创设潮安县通俗图书馆,县令区柏年委其筹办,1920年4月初开幕。该馆图书目录仿北平通俗图书馆编制。

出自:宋景祁等编.中国图书馆名人录,一名,中国图书馆界人名录.上海:上海图书馆协会,1930:34

吴继先

字俊哲,河南固始人。1927年筹备河南中山图书馆;1928年3月,工程告竣,始行开幕,任该馆馆长。

出自:宋景祁等编.中国图书馆名人录,一名,中国图书馆界人名录.上海:上海图书馆协会,1930:37

吴谨心

广东南海人。在广州市三十三国民学校任教员时,创办儿童图书馆,任该馆主任。

出自:宋景祁等编.中国图书馆名人录,一名,中国图书馆界人名录.上海:上海图书馆协会,1930:36

吴景贤

时任安徽省立图书馆流通股主任。

出自:安徽省立图书馆编.安徽省立图书馆概况.安庆:安徽省立图书馆,1936

图书馆老照片

吴盘

时任安徽省立图书馆编藏股员。

出自:安徽省立图书馆编.安徽省立图书馆概况.安庆:安徽省立图书馆,1933

吴天植

时任安徽省立图书馆馆长。

出自:安徽省立图书馆编.安徽省立图书馆概况.安庆:安徽省立图书馆,1936

吴文海

时任北平市立图书馆学讲习班教务课主任。

出自：北平市立图书馆学讲习班同学录：第一班.
[出版者不详]，1948

吴文彧

时任安徽省立图书馆儿童阅览室管理员。

出自：安徽省立图书馆编. 安徽省立图书馆概况. 安庆：安徽省立图书馆，1933

图书馆老照片

伍智梅

时任广州市市立中山图书馆委员。

出自：广州市市立中山图书馆编. 广州市市立中山图书馆特刊.[广州]：广州市市立中山图书馆,[1930]

奚萼铭

江苏吴县图书馆捐建者。

出自：[吴县图书馆]编. 吴县图书馆第六次报告.[吴县]：[吴县图书馆],1932

| 人物篇 |

向达

时任中央大学国学图书馆访购部兼印行部主干。

出自：中央大学国学图书馆编. 中央大学国学图书馆第一年刊. 南京：南京龙蟠里本馆[发行]，[1928]

谢伯辉

福建建瓯县公立图书馆发起人。

出自：建瓯县公立图书馆编. 福建建瓯县公立图书馆十周年纪念刊. [建瓯县]：建瓯县公立图书馆，1930

图书馆老照片

谢伯渊

时任福建建瓯县公立图书馆馆长。

出自：建瓯县公立图书馆编.福建建瓯县公立图书馆十周年纪念刊.[建瓯]：建瓯县公立图书馆，1930

谢大祉

字雪汀，福建连江人。1928年12月至1930年8月任福建省立图书馆馆长。

出自：宋景祁等编.中国图书馆名人录，一名，中国图书馆界人名录.上海：上海图书馆协会，1930：159

谢冠军

名文斌,江苏江宁人,寄居上海。曾任上海敬业中学图书馆管理员、主任,上海县教育局民众教育馆图书部主任。

出自:宋景祁等编. 中国图书馆名人录,一名,中国图书馆界人名录. 上海:上海图书馆协会,1930:157

谢翰藩

时任苏州国医学社国医图书馆主任。

出自:苏州国医学社编. 苏州国医学社纪念刊. 苏州:苏州国医学社,1934(1)

图书馆老照片

谢浚

时任北平财政商业专科学校图书馆主任。

出自：北平财政商业专科学校编. 财商年鉴. 北平：北平财政商业专科学校，[1928]

谢明章

时任国立中山大学图书馆主任。

出自：国立中山大学图书馆编. 国立中山大学图书馆概览. 广州：国立中山大学图书馆，[1935]

邢国杰

字汉三,号铁僧,山东长清人。曾任长清县公立通俗图书馆长,后筹备县公立图书馆任馆长。

出自:宋景祁等编.中国图书馆名人录,一名,中国图书馆界人名录.上海:上海图书馆协会,1930:12.

邢树屏

时任北平市立图书馆学讲习班图书购求法讲师。

出自:北平市立图书馆学讲习班同学录:第一班.[出版者不详],1948.

图书馆老照片

徐明

浙江嘉兴人。1928年任嘉兴秀州中学图书馆主任。1929年1月代表学校参加中华图书馆协会第一次年会。

出自：宋景祁等编.中国图书馆名人录，一名，中国图书馆界人名录.上海：上海图书馆协会，1930：74

徐世南

字星门，浙江绍兴人。徐树兰之孙。1926年，徐世南接办古越藏书楼。1930年，徐世南游皖，古越藏书楼停办。1932年，绍兴县教育局报国民政府教育部备案，将古越藏书楼收为公办，改名绍兴县立图书馆。

出自：宋景祁等编.中国图书馆名人录，一名，中国图书馆界人名录.上海：上海图书馆协会，1930：75

徐庭达

字介仁,吉林伊通人。曾任北京人文大学教务长、国立女子师范大学教授、教育部视学、东北大学图书仪器部主任,曾作有《东北大学图书分编纲要》。

出自:东北大学年鉴委员会编.东北大学年鉴.沈阳:东北大学年鉴委员会,1929

徐信符

时任广州市市立中山图书馆委员。

出自:广州市市立中山图书馆编.广州市市立中山图书馆特刊.[广州]:广州市市立中山图书馆,[1930]

图书馆老照片

徐秀斌

黑龙江绥化人,时任绥化县立通俗教育社主任,兼办国民党党务及党义图书馆。

出自:宋景祁等编.中国图书馆名人录,一名,中国图书馆界人名录.上海:上海图书馆协会,1930:76

徐旭

字寅初,浙江嘉兴人。曾任嘉兴秀州中学教员、图书馆主任、事务部主任。1928年夏任江苏省立民众教育院图书馆主任。著有《民众图书馆图书分类法》《实用图书馆学》。

出自:宋景祁等编.中国图书馆名人录,一名,中国图书馆界人名录.上海:上海图书馆协会,1930:73

徐致远

时任北平辅仁大学图书馆中文组主任。

出自：北平辅仁大学编. 北平辅仁大学民二五级毕业纪念刊. 北平：北平辅仁大学，[1936]

许德斋

时任大同县公立图书馆副评议长。

出自：山西大同县公立图书馆筹备委员会编. 山西大同县公立图书馆纪念刊. [大同]：山西大同县公立图书馆筹备委员会，1936

图书馆老照片

许芳

时任北京汇文学校图书部管理员。

出自：北京汇文学校一九二七年年刊委员会编. 北京汇文学校年刊：一九二七. 北京：北京汇文学校一九二七年年刊委员会，[1927]：46

许育英

时任华北大学图书馆主任。

出自：华北大学编. 华北大学概览：二十四年度. 北平：华北大学，[1936]

许治玉

字季璋,江苏句容人。曾任句容县立图书馆馆长,兼句容县立民众教育馆馆长。

出自:宋景祁等编.中国图书馆名人录,一名,中国图书馆界人名录.上海:上海图书馆协会,1930:79

薛骏兴

时任北平育英中学图书馆助理。

出自:育英中学年刊委员会编.育英年刊:出版十周年纪念.北平:育英中学年刊委员会,1939

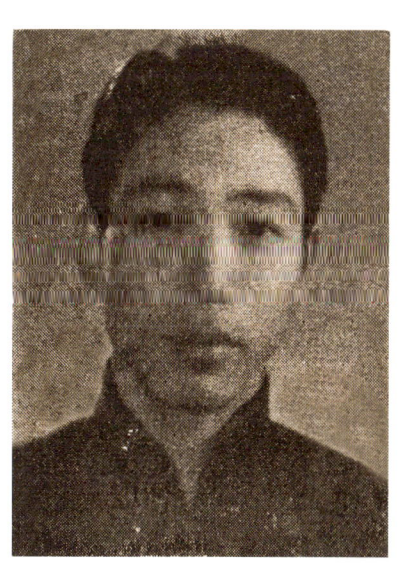

薛图南

时任安徽省立图书馆钞缮。

出自：安徽省立图书馆编. 安徽省立图书馆概况. 安庆：安徽省立图书馆，1933

严侗

字台孙，天津人。北京高等师范学校第一次图书馆讲习会会员。时任河北省省立第一图书馆主任。

出自：宋景祁等编. 中国图书馆名人录，一名，中国图书馆界人名录. 上海：上海图书馆协会，1930：166

严屏江

时任交通大学图书馆总编目。

出自：交通大学编.交通大学年刊：民国二十年.上海：交通大学，1931

严文郁

字绍诚，湖北汉川人。时任北京大学图书馆主任。

出自：国立北京大学编.国立北京大学一九三七级毕业同学录.北京：国立北京大学，1937

严子言

大同县县长，创办大同县公立图书馆。

出自：山西大同县公立图书馆筹备委员会编. 山西大同县公立图书馆纪念刊.［大同］：山西大同县公立图书馆筹备委员会，1936

阎廷扬

时任大同县公立图书馆评议长。

出自：山西大同县公立图书馆筹备委员会编. 山西大同县公立图书馆纪念刊.［大同］：山西大同县公立图书馆筹备委员会，1936

杨德衡

贵州遵义人。时任遵义私立通俗图书馆主任。

出自：宋景祁等编. 中国图书馆名人录, 一名, 中国图书馆界人名录. 上海: 上海图书馆协会, 1930: 134

杨殿甲

北平市立图书馆学讲习班学员，来自北平。

出自：北平市立图书馆学讲习班同学录：第一班. [出版者不详], 1948

杨家骆

江苏南京人。当时服务于教育部图书馆。

出自：宋景祁等编.中国图书馆名人录，一名，中国图书馆界人名录.上海：上海图书馆协会，1930：130

杨见心

名复，字见心，籍贯杭县。光绪二十九年（1903）至三十四年，曾任浙江藏书楼监理，实际执行馆长职务。宣统元年（1909），又被聘为会办。在藏书楼的主持、谋划方面，出力甚多。

出自：浙江省立图书馆编.浙江省立图书馆二十周年纪念册.杭州：浙江省立图书馆，1933

杨践形

江苏梁溪人，博士，哲学研究会会长，创办杨氏中一图书馆，任馆长。

出自：宋景祁等编. 中国图书馆名人录，一名，中国图书馆界人名录. 上海：上海图书馆协会，1930：132

杨开殿

时任厦门大学图书馆襄理。

出自：厦门大学编. 厦大年刊. 厦门：厦门大学，1929

图书馆老照片

杨立诚

字以明。江西丰城人。曾担任江西省立图书馆馆长及心远大学教授。1927年春来杭，任浙江省立图书馆馆长。

出自：[浙江省立图书馆]编.浙江省立图书馆概况.[杭州]：[浙江省立图书馆]，1931

杨润宜

北平市立图书馆学讲习班学员,来自河北丰润。

出自:北平市立图书馆学讲习班同学录:第一班.[出版者不详],1948

杨闻庠

又名孟雄,沈阳人。1929年7月15日任东省特别区图书馆馆长。

出自:宋景祁等编.中国图书馆名人录,一名,中国图书馆界人名录.上海:上海图书馆协会,1930:131

图书馆老照片

杨先成

时任安徽省立图书馆借书室管理员。

出自：安徽省立图书馆编. 安徽省立图书馆概况. 安庆：安徽省立图书馆，1933

杨元之

字葆三，湖南湘乡县人。时任湖南省立第一工业学校图书管员[①]。

出自：宋景祁等编. 中国图书馆名人录，一名，中国图书馆界人名录. 上海：上海图书馆协会，1930：128

———

① 原文如此，疑为"管理员"。

杨兆钧

时任北平育英中学图书馆助理。

出自：育英学校年刊委员会编辑部编. 育英中学校年刊. 北平：育英学校年刊委员会，1934：34

杨振华

时任北平育英中学图书馆助理。

出自：育英中学校年刊委员会编. 育英年刊：1935. 北平：育英中学校年刊委员会，1935

图书馆老照片

杨正一

时任北平育英中学图书馆主任（亦称图书馆馆长）。

出自：育英中学校年刊委员会编.育英年刊：1935.北平：育英中学校年刊委员会，1935

姚大霖

字雨苍。曾任交通部南洋大学图书馆管理员、上海图书馆协会执行委员、福建教育厅图书馆管理员、福建公立图书馆筹备员、福建省立图书馆主任、福建省立民众师范讲习所图书馆学校教员、福建学院图书馆委员、私立福州中学图书馆指导员、福建图书馆协会常务委员等。

出自：宋景祁等编.中国图书馆名人录，一名，中国图书馆界人名录.上海：上海图书馆协会，1930：56

姚文林

字酉山,浙江庆元人。1919年呈准创办庆元县公立图书馆,任馆长。

出自:宋景祁等编. 中国图书馆名人录,一名,中国图书馆界人名录. 上海:上海图书馆协会,1930:57

姚子素

时任安徽省立图书馆总务兼流通股主任。

出自:安徽省立图书馆编. 安徽省立图书馆概况. 安庆:安徽省立图书馆,1933

图书馆老照片

姚佐庆

时任安徽省立图书馆编藏股员。

出自：安徽省立图书馆编. 安徽省立图书馆概况. 安庆：安徽省立图书馆，1933

叶跻卿

福建寿宁人。曾任福建省立一中图书馆主任、省立图书馆馆员、福建图书馆协会执行委员。

出自：宋景祁等编. 中国图书馆名人录，一名，中国图书馆界人名录. 上海：上海图书馆协会，1930：135

叶筠苍

福建建瓯县公立图书馆发起人。

出自：建瓯县公立图书馆编.福建建瓯县公立图书馆十周年纪念刊.[建瓯县]：建瓯县公立图书馆，1930

易铁夫

原名显微，四川中江人。1930年1月，晓庄学校图书馆"书呆子莫来馆"馆长杨乃挺辞职，荐易君以自代，于是由易铁夫任该馆馆长。

出自：宋景祁等编.中国图书馆名人录，一名，中国图书馆界人名录.上海：上海图书馆协会，1930：44

图书馆老照片

由云龙

字夔举,云南姚安人。曾任云南省教育司长、实业司长,代理云南省长等职。1914年10月至1918年,由云龙兼任云南省图书博物馆馆长、辑刻丛书处总经理、云南通志馆编纂。

出自:孟晋,1925,2(1)

于炳照

时任北平育英中学图书馆主任。

出自:育英中学年刊委员会编.育英年刊:出版十周年纪念.北平:育英中学年刊委员会,1939

于熙俭

湖南长沙人。武昌华中大学文学士,文华图书科毕业。时任南京国立中央大学图书馆总务股主任兼西文编目主任。

出自:宋景祁等编. 中国图书馆名人录,一名,中国图书馆界人名录. 上海:上海图书馆协会,1930:1

于学思

时任东北大学图书馆主任。

出自:东北大学编. 东北大学廿五年班毕业纪念册. [出版地不详]:东北大学,1936

图书馆老照片

余宝珍

北平市立图书馆学讲习班学员，来自河北通县。

出自：北平市立图书馆学讲习班同学录：第一班.［出版者不详］，1948

余超

字少文，福建思明人。曾任思明县教育会会长、厦门图书馆主任。

出自：宋景祁等编.中国图书馆名人录，一名，中国图书馆界人名录.上海：上海图书馆协会，1930：39

余孝存

字少云,湖北麻城人。曾任麻城县县立第一通俗教育馆馆员,兼图书阅览部主任。

出自:宋景祁等编.中国图书馆名人录,一名,中国图书馆界人名录.上海:上海图书馆协会,1930:40

俞家齐

字少韩,江苏江宁人。曾任江苏省立第四师范学校图书馆主任、江苏省立民众教育馆图书部编目员、南京图书馆协会监察委员兼编辑员。

出自:宋景祁等编.中国图书馆名人录,一名,中国图书馆界人名录.上海:上海图书馆协会,1930:55

图书馆老照片

俞爽迷

时任厦门大学图书馆主任。

出自：厦门大学一九三六级级会编. 厦门大学一九三六级毕业纪念刊. 厦门：厦门大学一九三六级级会，[1936]

喻友信

曾任东吴大学法学院图书馆主任（据《东吴大学法学院年刊》，1946年第5卷）。

出自：喻友信著. 实用图书馆学. 上海：中国图书馆服务社，1937

|人物篇|

袁家齐

字克勤,四川内江人。1924年组织椑镇立图书馆,1926年接充本乡团总,兼任小学校长、图书馆长。

出自:宋景祁等编.中国图书馆名人录,一名,中国图书馆界人名录.上海:上海图书馆协会,1930:68

袁同礼

北平市立图书馆学讲习班赞助人。1929年8月至1940年任国立北平图书馆副馆长。1943年—1948年12月出任国立北平图书馆馆长。

出自:北平市立图书馆学讲习班同学录.第一班.[出版者不详],1948

图书馆老照片

袁燮

字仲丞,曾任江苏省立苏州中学高中部图书馆主任。

出自:宋景祁等编.中国图书馆名人录,一名,中国图书馆界人名录.上海:上海图书馆协会,1930:67

昝元恺

字胜存,江苏崇明人。1937年任崇明私立第一图书馆馆长。

出自:宋景祁等编.中国图书馆名人录,一名,中国图书馆界人名录.上海:上海图书馆协会,1930:54

臧家佑

曾任北洋大学图书主任。

出自：中国第二历史档案馆编. 中华民国历史图片档案第一卷（2）. 北京：团结出版社，2002：724

张朝梁

时任安徽省立图书馆第一巡回文库管理员。

出自：安徽省立图书馆编. 安徽省立图书馆概况. 安庆：安徽省立图书馆，1933

图书馆 老照片

张春祺

北平市立图书馆学讲习班学员，来自河北安平。

出自：北平市立图书馆学讲习班同学录：第一班.[出版者不详]，1948

张丹九

时任安徽省立图书馆编藏股员。

出自：安徽省立图书馆编.安徽省立图书馆概况.安庆：安徽省立图书馆，1933

张逢辰

时任中央大学国学图书馆阅览部兼传抄部主干。

出自：中央大学国学图书馆编. 中央大学国学图书馆第一年刊. 南京：南京龙蟠里本馆[发行]，[1928]

张鸿逵

字君仪，四川江北人。曾任新民读书会图书馆指导员，中国大学法律系助理员、图书馆主任。

出自：永[氵雩]郑钓埔. 中国图书馆名人录 // 准. 中国图书馆界人名录. 上海：上海图书馆协会，1930. 90

图书馆老照片

张玑

时任万县公立图书馆庶务部主任。

出自：[万县公立图书馆]编.万县公立图书馆概要.[出版地不详]：[万县公立图书馆]，1930

张鉴

字镜波。江苏高邮人。曾任高邮县立图书馆管理员、代理图书馆主任。1929年4月受聘为高邮县立图书馆馆长。

出自：宋景祁等编.中国图书馆名人录，一名，中国图书馆界人名录.上海：上海图书馆协会，1930：81

张克成

时任北平市立图书馆学讲习班总务课主任。

出自：北平市立图书馆学讲习班同学录：第一班. [出版者不详]，1948

张圣谔

北平市立图书馆学讲习班学员，课员，来自陕西鄠县。

出自：北平市立图书馆学讲习班同学录：第一班. [出版者不详]，1948

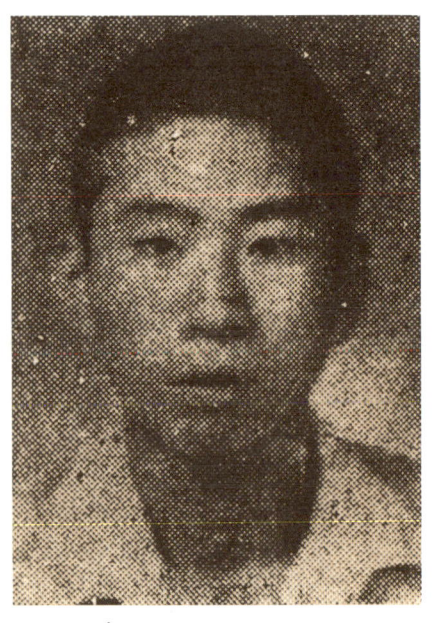

张舒懋

北平市立图书馆学讲习班学员,来自河北宛平。

出自:北平市立图书馆学讲习班同学录:第一班. [出版者不详],1948

张澍

字颂芬,浙西崇德人。曾在东方图书馆暑期讲习所修业,后任复旦实验中学图书馆主任。

出自:宋景祁等编. 中国图书馆名人录,一名,中国图书馆界人名录. 上海:上海图书馆协会,1930:80

张庭衡

字达权,江苏青浦人。1927年夏入上海总商会图书馆为管理员。他也是上海图书馆协会会员。

出自:宋景祁等编. 中国图书馆名人录,一名,中国图书馆界人名录. 上海:上海图书馆协会,1930:87

张锡荣

时任交通大学图书馆总务员。

出自:交通大学编. 交通大学年刊:民国二十年. 上海:交通大学,1931

张星如

福建建瓯县公立图书馆发起人。

出自：建瓯县公立图书馆编. 福建建瓯县公立图书馆十周年纪念刊. [建瓯]：建瓯县公立图书馆，1930

张玉琨

字贡山。1927年9月任陕西某县公立图书馆馆长。

出自：宋景祁等编. 中国图书馆名人录，一名，中国图书馆界人名录. 上海：上海图书馆协会，1930：84

张元贤

字梦霞。江苏南汇人。1927年春与友人合组警醒社,并设西市图书馆,设社地址于上海小西门宁康里2号。

出自:宋景祁等编.中国图书馆名人录,一名,中国图书馆界人名录.上海:上海图书馆协会,1930:83

张远斋

江苏松江人,曾任松江承志中学教员兼图书馆主任。

出自:宋景祁等编.中国图书馆名人录,一名,中国图书馆界人名录.上海:上海图书馆协会,1930:89

张月如

时任北平市立图书馆学讲习班阅览典藏讲师。

出自：北平市立图书馆学讲习班同学录：第一班. [出版者不详]，1948

张哲仁

时任北平育英中学图书馆助理。

出自：育英中学校年刊委员会编. 育英年刊：1935. 北平：育英中学校年刊委员会，1935

张宗湛

字伯纯,江苏淮安人,曾任淮安县立中学图书馆主任。

出自:宋景祁等编.中国图书馆名人录,一名,中国图书馆界人名录.上海:上海图书馆协会,1930:88

章湘沅

北平市立图书馆学讲习班学员,来自浙江杭县。

出自:北平市立图书馆学讲习班同学录:第一班.[出版者不详],1948

章新民

时任北平市立图书馆学讲习班西文分类西文编目讲师。

出自：北平市立图书馆学讲习班同学录：第一班. [出版者不详]，1948

章箴

字仲铭，籍贯余杭。1913 年，任浙江省立图书馆代理馆长。1922 年 6 月，正式被委为馆长，至 1927 年辞职。

出自：浙江省立图书馆编. 浙江省立图书馆三十周年纪念册. 杭州：浙江省立图书馆，1933

赵春絮

北平市立图书馆学讲习班学员,来自北平。

出自:北平市立图书馆学讲习班同学录:第一班. [出版者不详],1948

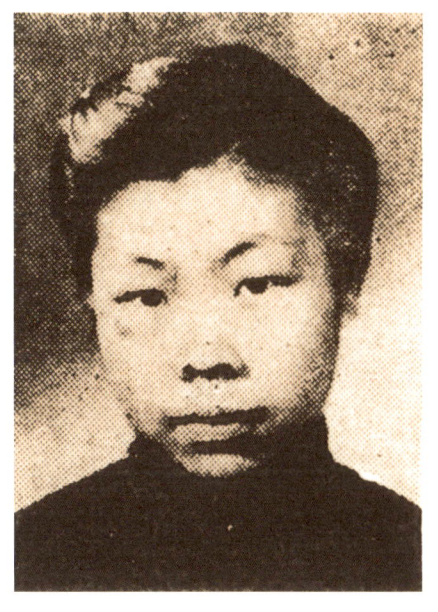

赵福来

时任北平市立图书馆学讲习班图书馆行政讲师。

出自:北平市立图书馆学讲习班同学录:第一班. [出版者不详],1948

图书馆老照片

赵鸿谦

1916年任职中央大学国学图书馆，后任中央大学国学图书馆主任。

出自：中央大学国学图书馆编.中央大学国学图书馆第一年刊.南京：南京龙蟠里本馆[发行]，[1928]

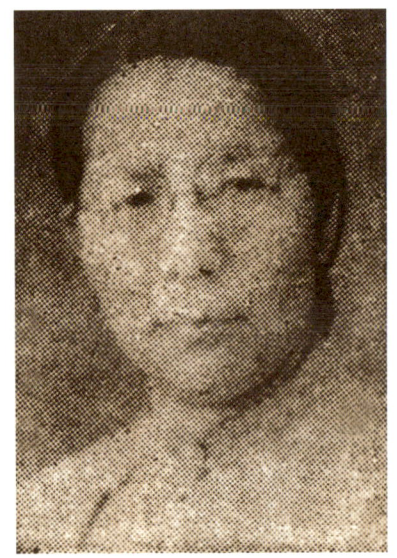

赵林秀

北平市立图书馆学讲习班学员，来自北平。

出自：北平市立图书馆学讲习班同学录：第一班.[出版者不详]，1948

赵世英

时任北平育英中学图书馆助理。

出自：育英学校年刊委员会编辑部编. 育英中学校年刊. 北平：育英学校年刊委员会，1934：34

赵树林

北平市立图书馆学讲习班学员，来自北平。

出自：北平市立图书馆学讲习班同学录：第一班. [出版者不详]，1948

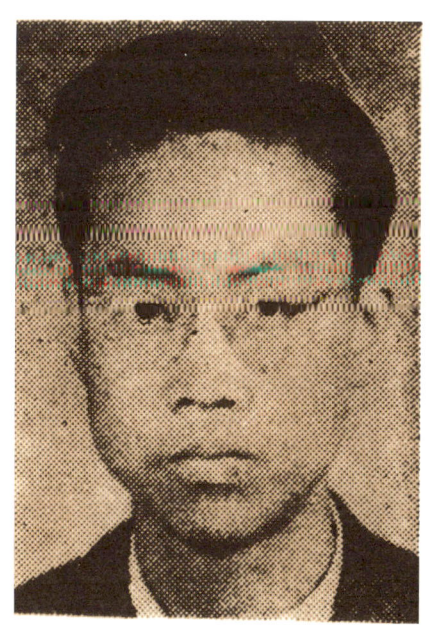

赵万里

1928年入北平北海图书馆（1929年8月并入国立北平图书馆）工作，历任国立北平图书馆中文采访组组长、善本考订组组长、善本部主任等职。曾兼任中法大学文学院讲师。

出自：中法大学编.中法大学毕业同学录.北平：中法大学，1934

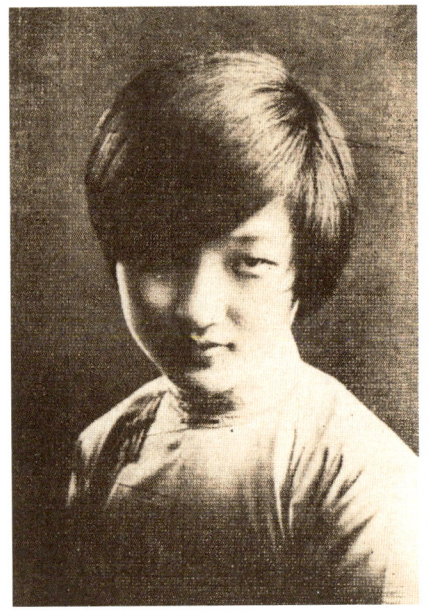

赵筱梅

时任安徽省立图书馆编藏股员。

出自：安徽省立图书馆编.安徽省立图书馆概况.安庆：安徽省立图书馆，1933

赵英

北平市立图书馆学讲习班学员,来自江苏兴化。

出自:北平市立图书馆学讲习班同学录:第一班. [出版者不详],1948

郑浩

字养吾,安徽合肥人。曾任天津南开中学图书馆馆员。

出自:宋景祁等编.中国图书馆名人录,一名,中国图书馆界人名录.上海:上海图书馆协会,1930:146

图书馆老照片

郑洪年

时任国立暨南大学校长,捐款建造洪年图书馆。

出自:国立暨南大学洪年图书馆编. 国立暨南大学洪年图书馆概要. 上海:国立暨南大学洪年图书馆,1933

钟发骏

字海霞,四川成都人。曾在成都青年会英文专修学校图书馆担任要职,后任营山晋康图书馆馆长。

出自:宋景祁等编. 中国图书馆名人录,一名,中国图书馆界人名录. 上海:上海图书馆协会,1930:160

周锐

时任民国学院图书馆主任。

出自：民国学院出版课编. 北平民国学院一览. 北平：民国学院出版课，1934

朱家治

字慕庐，安徽歙县人。1918—1920 年任金陵大学图书馆助理。1920—1921 年任南京高等师范学校图书馆管理员。1921—1927 年任东南大学图书馆编目股主任，1922—1925 年任中华教育改进社图书馆教育委员会书记。1925 年美国图书馆协会代表鲍士伟来华考察图书馆，中华教育改进社特聘其随行考察。1929—1930 年任中华图书馆协会执行委员。

出自：宋景祁等编. 中国图书馆名人录，一名，中国图书馆界人名录. 上海：上海图书馆协会，1930：16

图书馆老照片

朱金青

字铁民,江苏宜兴人。时任宜兴县县立图书馆馆长。

出自:宋景祁等编. 中国图书馆名人录,一名,中国图书馆界人名录. 上海:上海图书馆协会,1930:15

朱康廷

时任安徽省立图书馆文书统计兼庶务。

出自:安徽省立图书馆编. 安徽省立图书馆概况. 安庆:安徽省立图书馆,1933

朱励安

时任北平市立图书馆学讲习班副主任兼特殊材料管理法讲师。

出自：北平市立图书馆学讲习班同学录：第一班. [出版者不详]，1948

朱清华

时任安徽学院教授兼图书馆馆长。

出自：吴耀暄编. 安徽学院一九四七级毕业纪念册. [合肥]：安徽学院，[1947]

朱宜左

时任上海民立中学图书馆管理员。

出自：陈天鸿编. 上海民立中学图书馆概况. 上海：上海民立中学图书馆，1926

朱宸

字改庐，河南固始人。固始县创办通俗图书馆，被选为馆长。

出自：宋景祁等编. 中国图书馆名人录，一名，中国图书馆界人名录. 上海：上海图书馆协会，1930：13

朱英

北平市立图书馆学讲习班学员,来自江苏萧县。

出自:北平市立图书馆学讲习班同学录:第一班. [出版者不详], 1948

朱增祥

时任无锡县图书馆阅览室馆员。

出自:无锡县图书馆编. 无锡县图书馆概况. [无锡]. 无锡县图书馆, [1931]

朱自清

原名自华,字佩弦,江苏扬州人。1935—1936年间,担任国立清华大学图书馆委员会主席兼代图书馆主任。

出自:国立清华大学清华年刊社编. 清华年刊:1934. 北平:国立清华大学清华年刊社,[1934]

庄敬伯

北平市立图书馆学讲习班学员,来自河北。

出自:北平市立图书馆学讲习班同学录:第一班.[出版者不详],1948

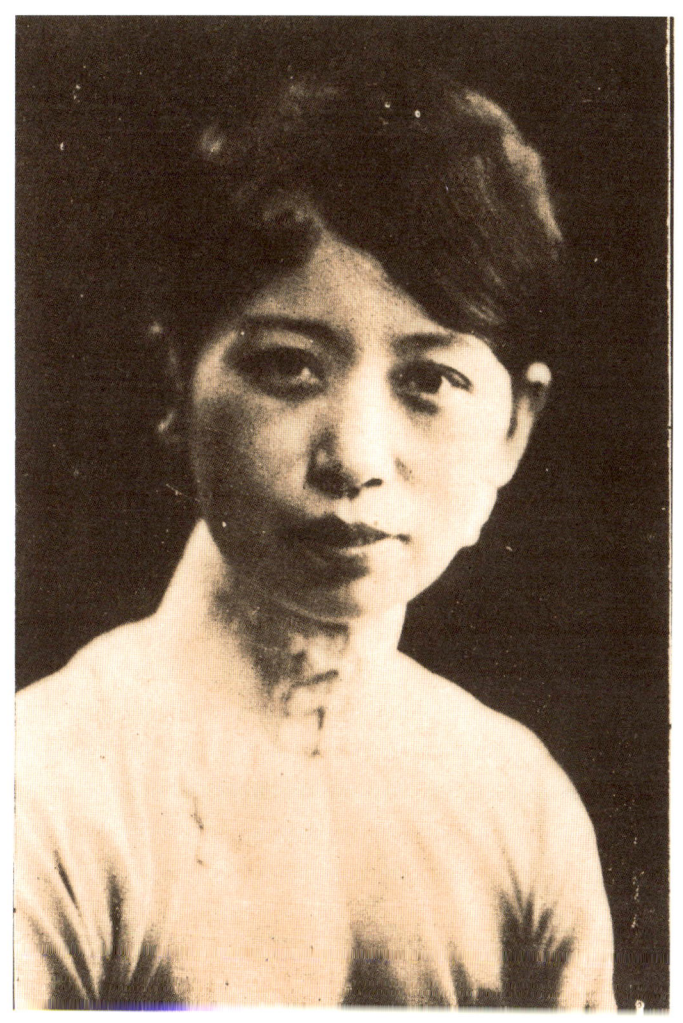

庄芸

上海市立图书馆馆长。

出自:[上海市立图书馆]编.上海市立图书馆概况.
[上海]:[上海市立图书馆],[1932]

**革命文献与民国时期文献
保护计划**

· 成 果 ·

民国时期图书馆学报刊资料分类汇编
图书馆老照片

下册

赵建爽 主编

国家图书馆出版社

| 人物篇 |

中华图书馆协会成立式全体摄影（1925年6月2日）

出自：图书馆学季刊，1926，1（1）

图书馆老照片

中华图书馆协会第一次图书馆暑期学校暨东大目录学班全体合影

1925年7月30日摄于东大图书馆。

出自：宋景祁等编. 中国图书馆名人录，一名，中国图书馆界人名录. 上海：上海图书馆协会，1930

中华图书馆协会第一次年会开幕典礼

1929年1月28日摄于金陵大学大礼堂前。

出自：中华图书馆协会执行委员编. 中华图书馆协会第一次年会报告. 北平：中华图书馆协会事务所，1929

| 人物篇 |

中华图书馆协会第一次年会合影

1929年1月摄于中央大学图书馆前。

出自：中华图书馆协会执行委员会编.中华图书馆协会第一次年会报告.北平：中华图书馆协会事务所，1929

图书馆老照片

中华图书馆协会第二次年会开幕典礼

1933年8月28日在国立清华大学礼堂前摄影。

出自：中华图书馆协会执行委员会编. 中华图书馆协会第二次年会报告. 北平：中华图书馆协会事务所，1933

| 人物篇 |

北平各机关欢迎中华图书馆协会第二次年会会员茶会留影（1933年8月31日在迎宾馆前）

出自：中华图书馆协会执行委员会编. 中华图书馆协会第二次年会报告. 北平：中华图书馆协会事务所，1933

图书馆老照片

中华图书馆协会与中国博物馆协会联合年会（中华图书馆协会第三次年会大会）开幕全体合影

出自：青岛画报，1936（24）

| 人物篇 |

中华图书馆协会第三次年会全体会员合影

出自：青岛画报，1936（24）

中华图书馆中国博物馆两协会在青岛举行年会（1936年7月20日）

1：叶恭绰，2：沈鸿烈，3：马衡，4：葛光廷，5：袁同礼。

出自：北洋画报，1936（1429）

中华教育改进社第一次年会图书馆教育组合影

该年会于 1922 年 7 月 3—8 日在济南召开。

出自：新教育，1922，5（3）

图书馆老照片

北京图书馆协会合影（1924年9月28日）

出自：北京图书馆协会会刊，1924（1）

袁同礼等在北平图书馆欢宴法国文艺家爱理福赖鲁

坐者（自右至左）：冯至海夫人、？、蒯女士、叶公超夫人、袁同礼夫人、爱理福氏、赖鲁氏、周名洗女士、梁思成夫人。

左旁立者（右起）：盛成中、叶公超、温源宁、梅兰芳、陈箓、程艳秋、？、邵可鲁。

右旁立者（自右至左）梁思成、冯君、徐志摩、陈受颐、袁同礼、冯至海、孟烈士特。

出自：图画周刊社. 图画周刊. 北平：图画周刊社，1933（118）

国立北平图书馆四职员参加图书馆年会

右起王宜晖、梁思庄、曾宪文、莫余敏卿。

出自:北洋画报,1936(1429)

| 人物篇

北平特别市市立第一普通图书馆全体职员摄影（1930年3月9日）

出自：北平特别市市立第一普通图书馆编. 北平特别市市立第一普通图书馆周年纪念刊. [北平]：北平特别市市立第一普通图书馆，1930

北平第一普通图书馆周年纪念（1930年3月26日摄影）

出自：北洋画报，1930（454）

|人物篇|

北平市立第一普通图书馆全体职员合影

出自：北平市立第一普通图书馆概况. [出版者不详]，[1938]

图书馆老照片

北平市立图书馆学讲习班刊物编辑委员会合影

后排左起：王步鑫、朱英、李学濂，前排左起：章湘元、万娴静、张圣谔、钮志培。

出自：北平市立图书馆学讲习班同学录：第一班.[出版者不详]，1948

| 人物篇 |

松坡图书馆第一次大会同人在快雪堂石屏前合影（1924年5月18日）

出自：[松坡图书馆]编.松坡图书馆募捐启.[北平]：[松坡图书馆]，1925

图书馆老照片

北平私立木斋图书馆董事会合影（1936年10月18日）

出自：北平私立木斋图书馆季刊，1937（创刊号）

|人物篇|

北平私立木斋图书馆开幕纪念（1936年10月18日）

出自：北平私立木斋图书馆季刊，1937（创刊号）

图书馆老照片

国立北京大学图书部欢送文华图书科陶周徐吴四君摄影（1929年9月1日）

从右至左：黄仁杰、汪涤陈、马衡、周连宽、吴鸿志、徐家璧、陶述先、李正翰、赵增选。

出自：北大图书部月刊，1929，1（1）

北平成达师范学校福德图书馆筹备委员会成立纪念（1936年9月22日）

出自：成师校刊，1936，3（29）

图书馆老照片

北京高师新图书馆落成纪念

出自:教育丛刊,1923,3(6)

|人物篇|

国立北平师范大学图书馆出纳处

出自：国立北平师范大学图书课、出版课编. 国立北平师范大学图书馆概况. [北京]：国立北平师范大学图书课、出版课，[1933]

图书馆老照片

国立北平师范大学图书馆编目室

出自：国立北平师范大学图书课、出版课编.
国立北平师范大学图书馆概况.[北京]：国立
北平师范大学图书课、出版课，[1933]

国立交通大学北平铁道管理学院图书馆职员

出自：国立交通大学北平铁道管理学院民念一级毕业纪念册. 北平：
国立交通大学北平铁道管理学院毕业事宜筹备委员会，1932

图书馆老照片

国立清华大学图书馆职员合影

出自：国立清华大学清华年刊社编. 清华年刊：1934. 北平：国立清华大学清华年刊社，[1934]

|人物篇|

清华图书馆职员合影,该照片拍摄于图书馆大门口
出自:国立清华大学年刊社编. 国立清华大学年刊:一九三六年. [北平]: 国立清华大学年刊社, 1936

图书馆老照片

北平私立燕京大学图书馆职员合影（1928年）

出自：燕京大学学生自治会编.燕大年刊.北平：燕京大学学生自治会，1928

北平私立燕京大学图书馆职员合影（1929年）

前排左起：吴钰祥、韩愚、杜联喆、马永秀、刘澍、石肇彬、艾秀山；中间左起：傅玉锋、田洪都、韩学勤、田鸿纲、杨止一；后排左起：韩孝儒、萧良岳、曲鸿、谢玉海、佟起翔、张松林、王铣林、侯家麟。

出自：北平私立燕京大学学生会出版委员会年刊部编. 燕大年刊：1928—1929. 北平：北平私立燕京大学学生自治会出版委员会，1929

图书馆老照片

北平私立燕京大学图书馆职员合影

出自：私立燕京大学学生自治会出版委员会编. 燕大年刊：民国二十年. 北平：私立燕京大学学生自治会出版委员会，1931

| 人物篇 |

中国大学图书馆书库

出自：中国大学编. 一九三六年北平中大. 北平：中国大学，[1936]

图书馆老照片

育英中学图书馆全体人员

从左至右：王善甫、沈增庠、杨正一、邵作德、杨兆钧、胡少廷、赵士英。

出自：育英学校年刊委员会编辑部编. 育英中学校年刊：1934. 北平：育英学校年刊委员会，1934

| 人物篇 |

育英中学图书馆办公人员

出自：育英中学校年刊委员会编. 育英年刊: 1935. 北平：育英中学校年刊委员会，1935

图书馆老照片

育英中学图书馆全体职员

出自：育英中学校年刊委员会编. 育英年刊：1935. 北平：育英中学校年刊委员会，1935

天津市市立通俗图书馆编辑委员会全体职员摄影（1934年3月）

出自：天津市市立通俗图书馆月刊，1934（创刊号）

图书馆老照片

天津市立图书馆全体职员

出自：天津市立图书馆编. 天津市立图书馆概况. [天津]：天津市立图书馆，[1936]：11

山西省立民众教育馆全体职员合影

出自：山西省立民众教育馆编. 山西省立民众教育馆二周年刊. 民国二十五年. 太原：山西省立民众教育馆，1936

图书馆老照片

山西太原图书馆之四位矮小招待员

出自：北洋画报，1929（371）

大同县公立图书馆成立大会留影（1934年10月1日）

出自：山西大同县公立图书馆筹备委员会编.山西大同县公立图书馆纪念刊.[大同]：山西大同县公立图书馆筹备委员会，1936

图书馆老照片

大同县公立图书馆筹备委员会同人合影

出自：山西大同县公立图书馆筹备委员会编. 山西大同县公立图书馆纪念刊. [大同]：山西大同县公立图书馆筹备委员会，1936

| 人物篇 |

辽宁省立图书馆全体职员

出自：辽宁省立图书馆. 辽宁省立图书馆馆刊. 沈阳：辽宁省立图书馆[发行]，1930，1(9)

图书馆老照片

上海图书馆协会第五次年会全体摄影（1929年3月）

出自：宋景祁等编. 中国图书馆名人录，一名，中国图书馆界人名录. 上海：上海图书馆协会，1930

| 人物篇 |

上海图书馆协会欢迎鲍士伟博士译员莅沪纪念（1925年4月26日）

前排左起：袁同礼、李小缘、洪有丰，后排左起：孙心磐、朱家治、黄警顽。

出自：宋景祁等编. 中国图书馆名人录, 一名, 中国图书馆界人名录. 上海：上海图书馆协会，1930

图书馆老照片

上海图书馆协会欢迎各省出席中华图书馆协会年会代表摄影（1929年2月4日）

出自：商业月报：本会商业图书馆专号，1930，10（10）

注：该月报由上海市商会主办。

|人物篇|

上海徐家汇藏书楼内景及工作人员

出自：老上海. 上海：上海教育出版社，1998：439

图书馆老照片

上海中国国际图书馆举行图书展览会并会同各文化机关欢迎马丁教授演讲摄影（1933年6月）
出自：中国国际图书馆编.中国国际图书馆图册.上海：世界书局，1934

人物篇

图书馆老照片

上海中国国际图书馆及世界文化合作中国协会建筑奠基典礼（1934年3月11日）

出自：中国国际图书馆编. 中国国际图书馆图册. 上海：世界书局，1934

| 人物篇 |

中国国际图书馆主席团世界文化合作中国协会在沪联席会议摄影（1934年4月）

出自：中国国际图书馆编. 中国国际图书馆图册. 上海：世界书局，1934

日内瓦之中国艺术展览会：中国国际图书馆理事会主席李石曾（右一）与馆长胡天石博士及胡夫人尚石博士摄于日内瓦中国国际图书馆前

出自：申报月刊，1934，3（12）

|人物篇|

上海图书学校工读生在上海中国国际图书馆工作情形

出自：中国国际图书馆编. 中国国际图书馆图册. 上海：世界书局，1934

图书馆老照片

驻俄大使颜惠庆七月九日游日内瓦至中国国际图书馆参观,与馆长胡天石(中坐者)、胡世泽(右坐者)合影

出自:国闻周报,1935,12(33)

| 人物篇 |

东方图书馆全体职员摄影

出自：[东方图书馆]编.东方图书馆概况.[上海]：[商务印书馆]，1926

图书馆老照片

东方图书馆被毁后,国联调查团于 1932 年 3 月 21 日参观的情形

出自:东方图书馆复兴委员会编. 东方图书馆纪略. 上海:东方图书馆复兴委员会,[1933]

| 人物篇 |

东方图书馆接受德国赠送书籍
中间为德国驻上海总领事克里白、东方[图书馆]复兴委员长张菊生
出自：新生周刊，1934，1（37）

图书馆老照片

东方图书馆接受法国赠书典礼

出自：申报，1935-06-07

| 人物篇 |

商务印书馆暑期图书馆讲习班摄影

出自：教育杂志，1928，20（11）

中国科学社明复图书馆(上海)开幕礼中蔡元培致辞

出自:良友,1931(55):13

中国科学社在上海新建图书馆落成典礼

出自：良友，1931（55）：13

图书馆老照片

杜威博士及夫人参观上海申报馆

前排左起：史量才、杜威夫人、杜威博士；后排左起：胡适、蒋梦麟、陶行知、张作平。

出自：新教育，1919，1（8）

申报流通图书馆合影

出自：[申报流通图书馆]编.申报流通图书馆第二年工作报告：纪念史量才先生.[上海]：[申报流通图书馆]，[1935]

图书馆老照片

申报流通图书馆办公室之流通部

出自:[申报流通图书馆]编.申报流通图书馆第二年工作报告:纪念史量才先生.[上海]:[申报流通图书馆],[1935]

申报流通图书馆办公室之读书指导部

出自:[申报流通图书馆]编.申报流通图书馆第二年工作报告:纪念史量才先生.[上海]:[申报流通图书馆],[1935]

图书馆老照片

大夏大学图书馆全体职员

出自：[大夏大学图书馆]编.大夏大学图书馆概况.[上海]：[大夏大学图书馆]，1936

|人物篇|

光华大学图书馆管理员合影

出自：光华大学编. 光华年刊：丙寅年. 上海：光华大学，1926

图书馆老照片

上海交通大学学生自治会平民学校及通俗图书馆全体合影

出自：交通大学编. 交通大学年刊：民国二十年. 上海：交通大学，1931

上海民立中学校图书馆办公室摄影

出自：陈天鸿编. 上海民立中学图书馆概况. 上海：上海民立中学图书馆，1926

图书馆老照片

上海清心中学癸酉级图书馆学班全体摄影（1930年2月）

出自：宋景祁等编. 中国图书馆名人录, 一名, 中国图书馆界人名录. 上海：上海图书馆协会, 1930

| 人物篇 |

上海中学图书馆学班全体摄影（1930年2月）

出自：宋景祁等编. 中国图书馆名人录，一名，中国图书馆界人名录. 上海：上海图书馆协会，1930

图书馆老照片

山东省立图书馆全馆同人摄影

出自：山东省立图书馆编. 山东省立图书馆概况. [济南]：山东省立图书馆，[1933]

|人物篇|

国立山东大学图书馆职员合影

出自：[国立山东大学图书馆]编. 国立山东大学图书馆概况.[济南]：[国立山东大学图书馆]，1936

图书馆老照片

南京图书馆协会全体摄影（1930年1月）

出自：宋景祁等编. 中国图书馆名人录，一名，中国图书馆界人名录. 上海：上海图书馆协会，1930

| 人物篇 |

全国图书馆协会代表招待德国国际出版品交换局代表摄影（1929年1月）

出自：教育杂志，1929，21（3）

图书馆老照片

汪伪时期的中央图书馆年刊编辑委员会全体摄影
出自:(伪)国立中央图书馆编辑.(伪)国立中央图书馆第一年刊: 民国三十年. 南京: 南京国府路本馆, 1942

| 人物篇 |

汪伪时期的中央图书馆全体职员摄影

出自:（伪）国立中央图书馆编辑.（伪）国立中央图书馆第一年刊：民国三十年. 南京：南京国府路本馆，1942

图书馆老照片

南京特别市市立图书馆筹备处职员摄影

出自：南京特别市市立图书馆编.南京特别市市立图书馆图书目录.南京：南京特别市市立图书馆，1930

| 人物篇

南京市市立第一通俗图书馆职员工作情况

出自：教育杂志，1929，21（12）

仙舟合作图书馆开幕摄影（1934年10月7日）

站于门前的为陈果夫及其女。开幕礼当日，陈果夫以大会主席身份致词。

出自：中国合作学社编. 中国合作学社第四届社员大会报告. 上海：中国合作学社，1935（4）

江苏省立苏州图书馆同人合影（1936年春）

出自：[江苏省立苏州图书馆]编. 江苏省立苏州图书馆概要. [苏州]：[江苏省立苏州图书馆]，[1936]

图书馆老照片

苏州图书馆全体馆员合影

主任王佩诤、蒋镜寰、陈子彝、沈载华、金和羹、孙树人、杨子香、姚伟人、顾道敏、沈道一、陶载厚、蒋伯钧。

出自：苏州图书馆编.中央大学区立苏州图书馆一览.[苏州]:[苏州图书馆],1928

| 人物篇 |

江苏省立国学图书馆同人合影

中间为柳诒徵,从上正中顺时针为:赵鸿谦、张逢辰、周悫、王震保、江国栋、陶基承、陶铭贵、李沅、沈兆征、沈润生、王焕镚、汪闾、张继会、庄严、王焕镳。

出自:江苏省立国学图书馆编.江苏省立国学图书馆概况.[南京]:[江苏省立国学图书馆],1931

图书馆老照片

江苏省立国学图书馆全体同人摄影

出自：江苏省立国学图书馆编.江苏省立国学图书馆概况.[南京]:[江苏省立国学图书馆],1935

|人物篇|

中央大学国学图书馆职员全体摄影

出自：中央大学国学图书馆编. 中央大学国学图书馆第一年刊. 南京：南京龙蟠里本馆[发行]，[1928]

图书馆老照片

中央大学区立通俗教育馆图书部儿童读书会摄影（1928年11月）

出自：俞家齐编著. 民众图书馆设施法. 南京：中央大学区立通俗教育馆推广部，1929

江苏省立南京民教馆图书部同人摄影（1931年4月）

右起：周廷洛、徐芳田、俞家齐、刘子粹。

出自：民众教育月刊，1931，3（4-5）

图书馆老照片

南京大中桥通俗教育馆图书部妇女读书会会员

出自：民众教育月刊，1931，3（4-5）

南京大中桥通俗教育馆图书部学术研究会会员

出自：民众教育月刊，1931，3（4-5）

图书馆老照片

江苏省立汤山农民教育馆全体职员

出自：农民教育，1932，2（4-6）

| 人物篇 |

江苏省立镇江民众教育馆全体职员摄影

出自：民众教育通讯，1934，4（6）

图书馆老照片

江苏省立镇江民众教育馆研究辅导部职员全体摄影

出自：民众教育通讯，1934，4（6）

金陵大学图书馆学班全体摄影（1929年12月）

出自：宋景祁等编. 中国图书馆名人录，一名，中国图书馆界人名录. 上海：上海图书馆协会，1930

图书馆老照片

东南大学孟芳图书馆立础典礼摄影

出自：郭秉文主编. 孟芳图书馆落成纪念册.
南京：东南大学，[1924]

|人物篇|

东南大学孟芳图书馆全体职员摄影

从右至左：顾天枢、武杰生、孟传甲、施廷镛、杨庭桂、朱家治、高峻、江彦雍、洪有丰。

出自：郭秉文主编. 孟芳图书馆落成纪念册. 南京：东南大学，[1924]

图书馆老照片

无锡县图书馆开幕纪念（1915年元旦）

出自：教育杂志，1915，7（2）

| 人物篇 |

宜兴县立公共图书馆全体职员摄影

出自：宜兴县立公共图书馆编. 二年来之宜兴县立公共图书馆. [宜兴]：宜兴县立公共图书馆，1931

图书馆老照片

安徽省立图书馆主办之教育学读者会全体摄影
出自：安徽省立图书馆编. 安徽省立图书馆概况. 安庆：安徽省立图书馆，1933

| 人物篇 |

安徽省立图书馆全体职员摄影（1936年）

出自：安徽省立图书馆编. 安徽省立图书馆概况.
安庆：安徽省立图书馆，1936

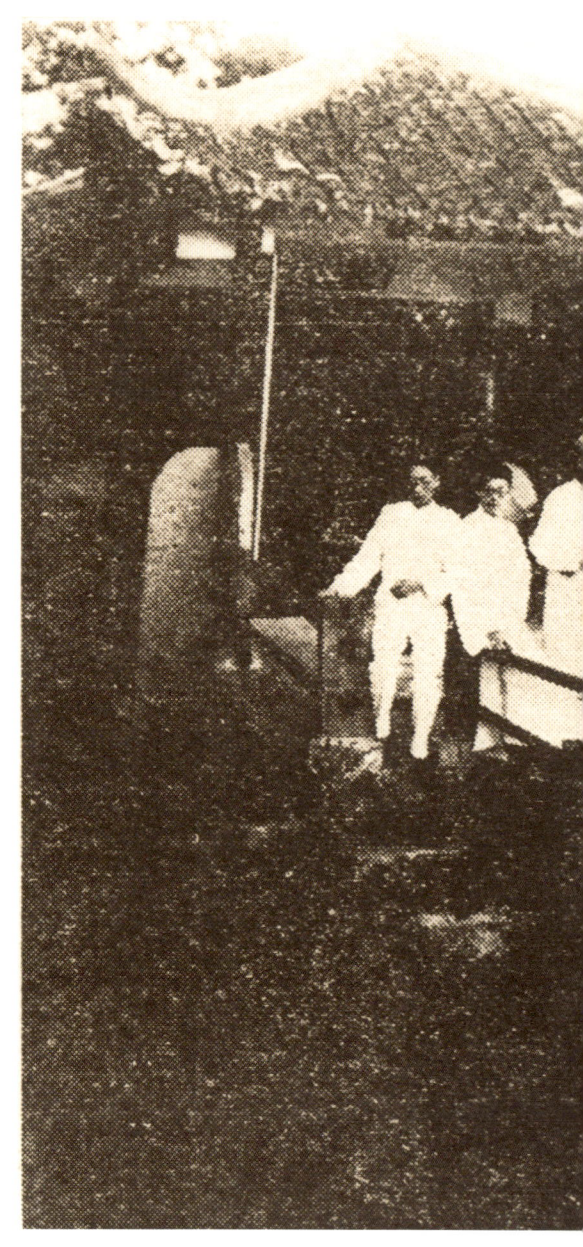

杭州图书馆协会欢迎中华图书馆协会监察委员会摄影（1929年7月22日）

出自：宋景祁等编. 中国图书馆名人录，一名，中国图书馆界人名录. 上海：上海图书馆协会，1930

图书馆老照片

浙江省立图书馆及印行所全体职员摄影
出自:[浙江省立图书馆]编.浙江省立图书馆概况.[杭州]:[浙江省立图书馆],1931

|人物篇|

图书馆老照片

浙江省立图书馆流通图书研究会摄影

出自:[浙江省立图书馆]编.浙江省立图书馆概况.[杭州]:[浙江省立图书馆],1931

浙江省立图书馆流通图书研究会摄影
出自:[浙江省立图书馆]编.浙江省立图书馆概况.[杭州]:[浙江省立图书馆],1931

浙江省立图书馆铅印部开幕典礼摄影

出自：[浙江省立图书馆]编.浙江省立图书馆概况.[杭州]：[浙江省立图书馆]，1931

图书馆老照片

浙江省立图书馆全体职员摄影

出自：浙江省立图书馆编. 浙江省立图书馆三十周年纪念册. 杭州：浙江省立图书馆, 1933

浙江流通图书馆自由车送书摄影

注：自由车即自行车。

出自：陈独醒著. 图书为什么要流通. 杭州：私立浙江流通图书馆宣传部，1932

图书馆老照片

江西省立图书馆同人摄影于旧馆阮楼

出自：江西省立图书馆编. 江西省立图书馆馆务汇刊. [出版地不详]：江西省立图书馆，1929

福建图书馆协会开幕并委员就职典礼撮影（1929年9月）

出自：宋景祁等编. 中国图书馆名人录，一名，中国图书馆界人名录. 上海：上海图书馆协会，1930

图书馆老照片

福建建瓯县公立图书馆全体职员摄影

出自：建瓯县公立图书馆编. 福建建瓯县公立图书馆十周年纪念刊. [建瓯]：建瓯县公立图书馆，1930

福建建瓯县公立图书馆十周年纪念大会摄影

出自：建瓯县公立图书馆编.福建建瓯县公立图书馆十周年纪念刊.[建瓯]：建瓯县公立图书馆，1930

图书馆老照片

福建建瓯县公立图书馆儿童阅书会成立会全体摄影

出自：建瓯县公立图书馆编. 福建建瓯县公立图书馆十周年纪念刊. [建瓯]：建瓯县公立图书馆，1930

| 人物篇 |

建瓯县公立图书馆藏书室之一

出自：建瓯县公立图书馆编. 福建建瓯县公立图书馆十周年纪念刊.[建瓯]：建瓯县公立图书馆，1930

图书馆老照片

河南省图书馆同人，1933年合影纪念

前排左起：叶欣甫、？、王铭箴、井俊起、阎雪舟、陈清莲、石琴芬。

出自：河南省图书馆编.河南图书馆馆刊.河南：河南图书馆[发行]，1933（3）

| 人物篇

湖北省立图书馆全体职员摄影（1929年）

前排中为馆长毕斗山。

出自：湖北省立图书馆编. 湖北省立图书馆概况.
[武汉]：[湖北省立图书馆]，1930

图书馆老照片

其乐融融：武昌女青年会会长沈祖荣夫人的家庭

出自：女青年月刊，1929，8（2）：1

|人物篇|

武昌文华图书馆学专科学校本科毕业生合影（1930年）

前排左起：耿靖民、曾宪文、陈颂、刘华锦、周连宽；后排左起：徐家璧、陶述先、李继先、房兆楹、吴鸿志。

出自：文华图书科季刊，1930，2（2）

图书馆老照片

武昌文华图书科季刊社全体职员摄影（1931年3月12日）

前排左起：钱亚新、朱瑛、黄连琴、毛坤；后排左起：徐亮、骆继驹、朱用彝、邓衍林、董铸仁。

出自：文华图书科季刊，1931，3（1）

| 人物篇

武昌文华图书馆学专科学校师生全体合影（1931年5月）

出自：文华图书科季刊，1931，3（2）

图书馆老照片

韦棣华女士逝世一周年纪念摄影（1932年5月1日）

出自：文华图书馆学专科学校季刊，1932，4（2）

| 人物篇 |

武昌文华图书馆学专科学校师生全体合影（1932年3月）

出自：文华图书馆学专科学校季刊，1932，4（1）

图书馆老照片

武昌文华图书馆学专科学校学生服务组（1933年5月20日）

出自：文华图书馆学专科学校季刊，1933，5（2）

| 人物篇 |

武昌文华图书馆学专科学校全体师生合影（1934年3月）

出自：文华图书馆学专科学校季刊，1934，6（1）

图书馆老照片

武昌文华图书馆学专科学校师生摄影（1934年11月）

出自：文华图书馆学专科学校季刊，1934，6（4）

武昌文华图书馆学专科学校师生合影纪念（1935年11月21日）

出自：文华图书馆学专科学校季刊，1935，7（3-4）

武昌文华图书馆学专科学校参加中华图书馆协会第三次年会同学欢迎沈祖荣校长一家（1936年7月20日）

出自：文华图书馆学专科学校季刊，1936，8（3）

武昌文华图书馆学专科学校师生摄影（1936年10月22日）

出自：文华图书馆学专科学校季刊，1936，8（4）

图书馆老照片

武昌文华图书馆学专科学校上海同学会全体会员合影

前排左起：吕绍虞、林斯德、彭明江；后排左起：喻友信、徐亮、杨希章、查修。

出自：文华图书馆学专科学校季刊，1936，8（1）

武昌文华图书馆学专科学校武汉同学会全体会员合影

前排左起：毛坤、皮高品、汪缉熙、范礼煌；中排左起：邬学通、戴镏龄、骆继驹；后排左起：熊毓文、吴立邦、汪应文、程长源。

出自：文华图书馆学专科学校季刊，1936，8（1）

图书馆老照片

武昌文华图书馆学专科学校学生实习情形一

出自：文华图书馆学专科学校季刊，1936，8（4）

武昌文华图书馆学专科学校学生实习情形二
出自：文华图书馆学专科学校季刊，1936，8（4）

图书馆老照片

武昌文华图书馆学专科学校本年度讲习班毕业生（1937年）

出自：文华图书馆学专科学校季刊，1937，9（2）

武昌文华图书馆学专科学校本年度专科班毕业生（1937年）
出自：文华图书馆学专科学校季刊，1937，9（2）

图书馆老照片

世界佛学苑图书馆开幕摄影（1932年9月25日）

出自：海潮音，1932，13（11）

世界佛学苑图书馆全体馆员摄影（1932年9月26日）

出自：海潮音，1932，13（11）

图书馆老照片

世界佛学苑图书馆全体馆员（1934年5月）

出自：海潮音，1934，15（7）

| 人物篇 |

湖南省立中山图书馆同人摄于馆园（1929年4月）

出自：湖南省立中山图书馆编. 湖南省立中山图书馆图书分类目录：十卷（上）. 长沙：湖南省立中山图书馆, 1929

图书馆老照片

南社同人雅集南轩图书馆摄影（1934年）

出自：南轩图书馆编. 湖南南轩图书馆十周年纪念刊. 长沙：南轩图书馆，1934

| 人物篇 |

湖南私立南轩图书馆董事会全体摄影（1934年）
出自：南轩图书馆编. 湖南南轩图书馆十周年纪念刊.
长沙：南轩图书馆，1934

图书馆老照片

国立中山大学图书馆全体职员摄影（1935年8月）
出自：国立中山大学图书馆编. 国立中山大学图书馆概览.
广州：国立中山大学图书馆，[1935]

|人物篇|

国立中山大学图书馆编目室

出自：国立中山大学图书馆周刊，1928，2（2）

图书馆老照片

国立中山大学图书馆编目部

出自：国立中山大学图书馆编. 国立中山大学图书馆概览. 广州：国立中山大学图书馆，[1935]

| 人物篇 |

培正中学图书馆职员合影（1933年）

出自：培正中学图书馆馆刊，1934，1（1）
注：该刊由广州培正中学图书馆编辑出版。

图书馆老照片

培正中学图书馆全体职员

出自：培正中学图书馆馆刊，1935，2（1-2）

|人物篇|

培正中学图书馆同人摄影（1936年6月）
出自：培正中学图书馆馆刊，1936，3（1）

图书馆老照片

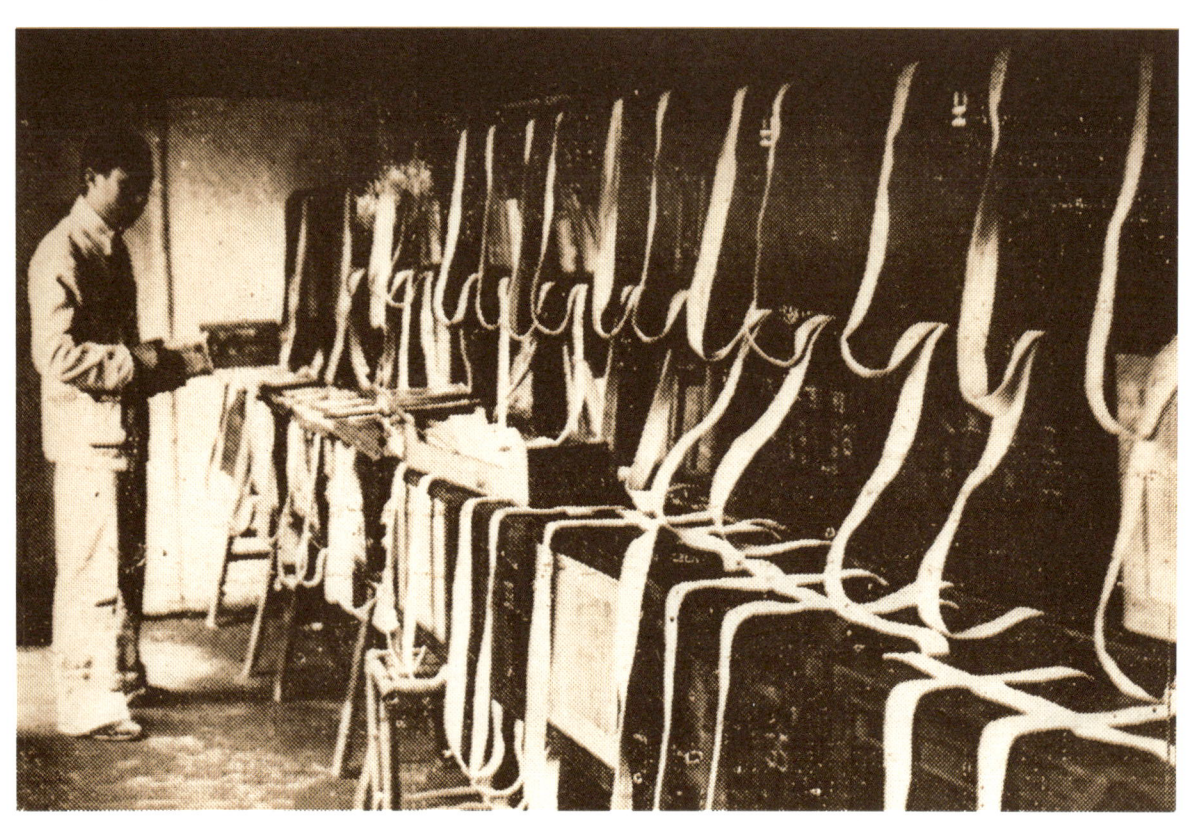

北碚民众图书馆工作人员在整理巡回文库

出自：北碚月刊，1937，1（9-10）

北碚民众图书馆典藏室工作人员取书的情形

出自：北碚月刊，1937，1（9-10）

图书馆老照片

万县公立图书馆书库一角及出纳台
出自:［万县公立图书馆］编.万县公立图书馆概要.［出版地不详］:［万县公立图书馆］,1930

| 人物篇 |

云南图书博物馆职员摄影

出自：云南图书博物馆编. 云南图书博物馆一览. [出版地不详]：[云南图书博物馆]，[1923]

图书馆老照片

云南省立昆华图书馆全体职员合影（1937年）

前排左起：会计员曾淑英、方淑梅、秦光玉馆长、？；后排左起：任嗣钧、张澍、？、郭从光、？、于乃义。于乃义，字仲值。1931年16岁开始就到云南省立昆华图书馆工作，专门从事图书编目。

出自：云南省立昆华图书馆编.云南省立昆华图书馆概况.[出版地不详]：[云南省立昆华图书馆]，[1937]

阅览篇

叁

图书馆老照片

新落成的国立北平图书馆杂志阅览室（可以容纳66人）

出自：图书馆学季刊，1931，5（2）

| 阅览篇 |

新落成的国立北平图书馆大阅览室（可容纳200人）
出自：图书馆学季刊，1931，5（2）

图书馆老照片

国立北平图书馆阅读室一角

出自：良友，1936（118）：19

国立北平图书馆善本阅览室

出自：文华图书馆学专科学校季刊，1935，7（3-4）

北平特别市市立第一普通图书馆公众阅览室（一）

出自：[北平特别市市立第一普通图书馆编].北平特别市市立第一普通图书馆周年纪念刊.[北平]：北平特别市市立第一普通图书馆，1930

北平特别市市立第一普通图书馆公众阅览室（二）
出自：[北平特别市市立第一普通图书馆编]. 北平特别市市立第一普通图书馆周年纪念刊. [北平]：北平特别市市立第一普通图书馆，1930

图书馆老照片

北平特别市市立第一普通图书馆儿童阅览室

出自：北平特别市市立第一普通图书馆编. 北平特别市市立第一普通图书馆周年纪念刊. [北平]：北平特别市市立第一普通图书馆，1930

|阅览篇|

北平市立第一普通图书馆大阅览室（公众阅览室）
出自：北平市立第一普通图书馆编. 北平市立第一普通图书馆概况. [北平]：[北平市立第一普通图书馆]，[1936]

图书馆老照片

北平市立第一普通图书馆新闻阅览室

出自：北平市立第一普通图书馆编. 北平市立第一普通图书馆概况.［北平］：［北平市立第一普通图书馆］，[1936]

| 阅览篇 |

京兆公园通俗图书馆内部

出自：刘骥著. 京兆公园纪实.[出版者不详], 1925

图书馆老照片

松坡图书馆第一馆阅览室内部
出自:[松坡图书馆]编.松坡图书馆募捐启.[北平]:[松坡图书馆],1925

| 阅览篇 |

松坡图书馆阅览室
出自:[松坡图书馆]编.松坡图书馆募捐启.[北平]:[松坡图书馆],1925

图书馆老照片

民众教育馆之图书阅览室

出自：时代教育，1934，2（3）：24

|阅览篇|

北平私立木斋图书馆阅览室之一角

出自：北平私立木斋图书馆季刊，1937（2）

图书馆老照片

北平近代科学图书馆新闻阅览室

出自：北平近代科学图书馆馆刊，1937（创刊号）

| 阅览篇 |

北平近代科学图书馆阅览室

出自：北平近代科学图书馆馆刊，1938（3）

图书馆老照片

国立北京大学图书馆洋文书库

出自：国立北京大学编. 国立北京大学廿周年纪念册. 北京：国立北京大学，[1918]

国立北京大学第二院阅览室内景

出自：北大图书部月刊，1929，1（1）

图书馆老照片

国立北京大学图书馆中文阅览室

出自:[国立北京大学图书馆]编. 国立北京大学图书馆概况.[北平]:[国立北京大学图书馆],[1936]

| 阅览篇 |

国立北京大学图书馆西文阅览室

出自:［国立北京大学图书馆］编. 国立北京大学图书馆概况.［北平］:［国立北京大学图书馆］,[1936]

图书馆老照片

国立北京大学图书馆期刊阅览室

出自:[国立北京大学图书馆]编.国立北京大学图书馆概况.[北平]:[国立北京大学图书馆],[1936]

|阅览篇|

国立北京大学图书馆杂志书籍参考室

出自：包乾元等编. 北大一九三四毕业同学录. 北平：北京大学，1934

图书馆老照片

北京高师新图书馆阅览室

出自：教育丛刊，1923，3（6）

| 阅览篇 |

国立北平师范大学图书馆阅览室

出自：国立北平师范大学图书课、出版课编.国立北平师范大学图书馆概况.[北平]：国立北平师范大学图书课、出版课，[1933]

图书馆老照片

北平辅仁大学图书馆内景

出自：辅仁大学编. 辅仁大学年刊：一九四二年. 北平：辅仁大学, 1942

|阅览篇|

北平辅仁大学女部图书馆阅览室
出自：辅仁大学编. 辅仁大学年刊：一九四二年. 北平：辅仁大学，1942

图书馆老照片

华北大学图书馆阅览室之一

出自：华北大学编. 华北大学概览：二十四年度. 北平：华北大学，[1936]

|阅览篇|

华北大学图书馆阅览室之二

出自. 华北大学编. 华北大学概览: 二十四年度. 北平: 华北大学, [1936]

图书馆老照片

交通大学北平铁道管理学院图书馆阅览室之一部

交通大学北平铁道管理学院图书馆阅览室之一部
出自：[交通大学北平铁道管理学院图书馆]编.交通大学北平铁道管理学院图书馆概况.[北平]：[交通大学北平铁道管理学院图书馆]，[1937]

民国大学图书馆阅览室

出自：[民国大学图书馆]编.北京民国大学图书馆概要.北京：[民国大学图书馆]，1925

图书馆老照片

清华学校图书馆（其一）

出自：清华学报，1917，2（4）

清华学校图书馆（其二）

出自：清华学报，1917，2（4）

图书馆老照片

清华学校图书馆阅览室

出自：查修等编. 清华学校图书馆中文书籍目录. 北京：清华学校图书馆，1927

[阅览篇]

国立清华大学图书馆阅览室

出自：[国立清华大学年刊社]编. 国立清华大学二十周年纪念刊. [北京]: 国立清华大学年刊社, 1931

图书馆老照片

国立清华大学图书馆开矿①情形一

出自：国立清华大学清华年刊社编. 清华年刊：1934. 北平：国立清华大学清华年刊社，[1934]

---

①开矿：当时清华大学流行词汇，指在图书馆用功读书。

| 阅览篇 |

国立清华大学图书馆开矿情形二
出自：国立清华大学清华年刊社编. 清华年刊：1934. 北平：国立清华大学清华年刊社，[1934]

图书馆老照片

国立清华大学土木工程学系杂志阅览室

出自：国立清华大学土木工程学会会刊，1934
(3)

|阅览篇|

国立清华大学图书馆书库

出自：清华大学编. 国立清华大学一览：民国二十四年十月. 北平：国立清华大学出版事务所，1935

图书馆老照片

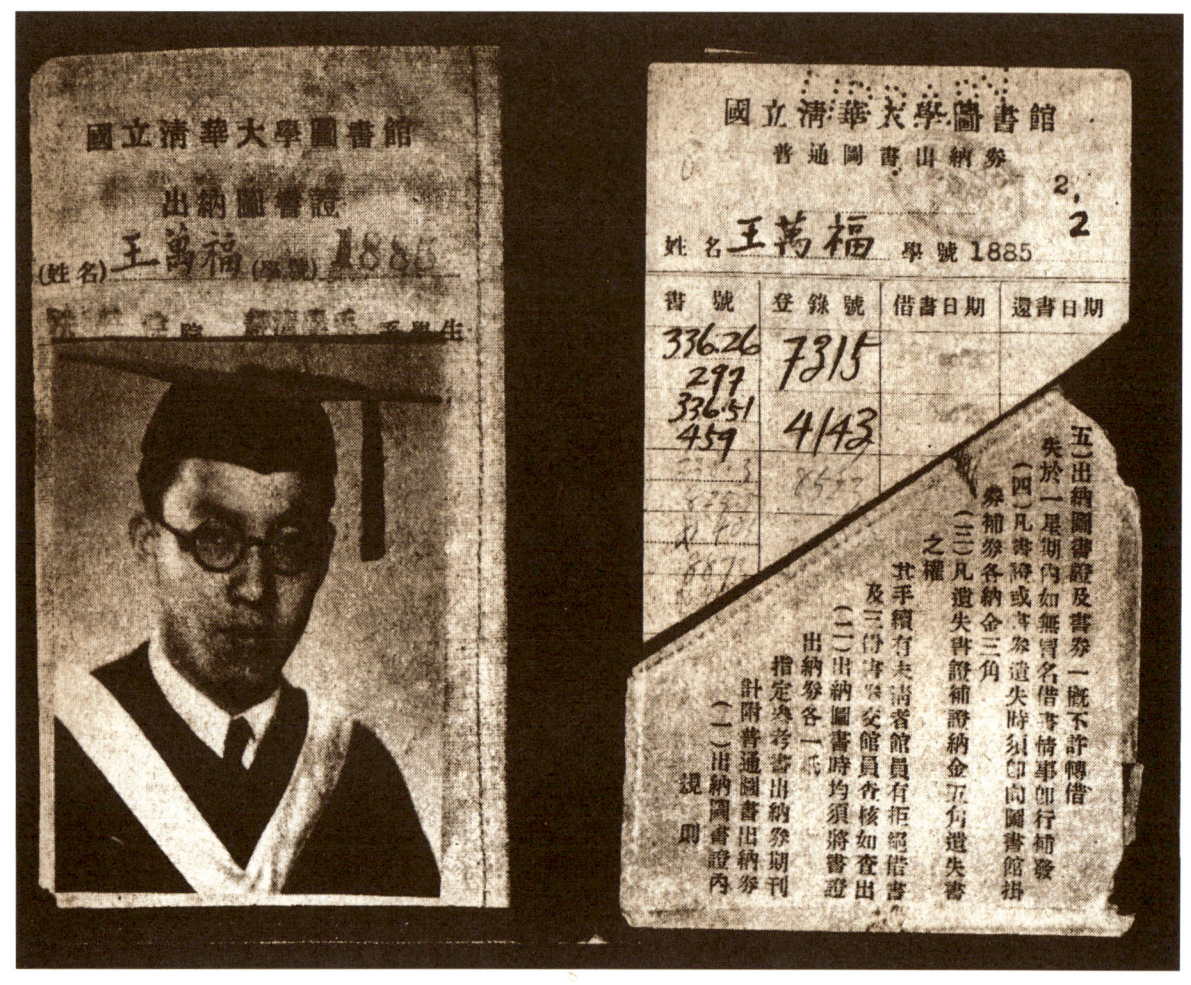

国立清华大学图书馆出纳图书证

出自：国立清华大学年刊社编. 国立清华大学年刊：一九三六年. [北平]：国立清华大学年刊社, 1936

|阅览篇|

北平燕京大学图书馆内观

出自：伍联德等编. 中国大观：图画年鉴 1930. 上海：良友图书公司，[1931]

图书馆老照片

中法大学图书馆初创时期留影
出自：中法大学图书馆编. 中法大学图书馆概况. 北平：中法大学图书馆，[1933]：1

| 阅览篇 |

中法大学图书馆阅览室

出自：中法大学图书馆编. 中法大学图书馆概况. 北平：中法大学图书馆，[1933]：6

图书馆老照片

中国学院图书馆阅览室

出自：北平中国学院编. 北平中国学院概览：民国二十三年度. 北平：北平中国学院，1934

|阅览篇|

中国大学图书馆内景

出自：中国大学编. 一九三六年北平中大. 北平：中国大学，[1936]

新民学院图书馆（北平）

出自：大阪每日新闻社. 华文大阪每日. 大阪（日本）：大阪每日新闻社；东京（日本）：东京日日新闻社，1939，3（12）

铁路专科学校图书馆阅览室

出自：铁路杂志：铁路专科学校专号，1937，2（9）：13

图书馆老照片

北京汇文学校图书室阅书处一角
出自：北京汇文学校一九二七年年刊委员会编.北京汇文学校年刊：一九二七.北京：该年刊委员会，[1927]：17

|阅览篇|

育英学校图书馆出纳室一隅

出自：育英学校图书馆指南. 北平：[育英学校]，[1935]

图书馆老照片

北平育英中学图书馆阅览室的情形

出自：育英学校年刊委员会编. 育英中学年刊：一九三三年. 北平：育英学校年刊委员会，1933：96

北京高师附属小学图书馆内儿童阅览情形

"(北京高师附属小学)中院西偏设有图书馆,办法取开放主义,自上午七时至下午五时,凡下课后儿童得以随时入览,星期日校外儿童亦得入览。"

出自:教育丛刊,1923,3(7-8)

图书馆老照片

国立北平师大附属第一小学的学生们到儿童图书馆去的情形

每日未到开放时间,小学生就在儿童图书馆门前排队等候。

出自:国立北平师大附属第一小学儿童图书馆编.国立北平师大附属第一小学儿童图书馆概况:第一期.北平:国立北平师大附属第一小学儿童图书馆,1935

天津市立图书馆图书阅览室之出纳台

出自：天津市立图书馆编. 天津市立图书馆概况. [天津]：天津市立图书馆，[1936]：6

图书馆老照片

天津市立图书馆新闻阅览室之一隅
出自：天津市立图书馆编.天津市立图书馆概况.[天津]：天津市立图书馆,[1936]: 8

|阅览篇|

天津市立图书馆儿童游艺室

出自：天津市立图书馆编. 天津市立图书馆概况. [天津]：天津市立图书馆，[1936]：9

天津市立图书馆儿童阅览室之一隅

出自：天津市立图书馆编.天津市立图书馆概况.[天津]：天津市立图书馆，[1936]：10

| 阅览篇 |

北洋大学图书馆

出自：中国第二历史档案馆编. 中华民国历史图片档案第一卷（2）. 北京：团结出版社，2002：807

图书馆老照片

天津南开大学木斋图书馆内部

出自：图书馆学季刊，1929，3（1-2）

|阅览篇|

河北省省立天津中学校图书阅览室

出自：河北省省立天津中学校编. 河北省省立天津中学校一览. 天津：河北省省立天津中学校，[1936]

图书馆老照片

天津中西女学图书馆之一隅

出自：良友，1930（49）：35

| 阅览篇 |

天津人伙巷儿童图书馆里,孩子们正在阅读

出自:天津市市立通俗图书馆月刊,1936,2(5)

天津大伙巷儿童图书馆出纳台前领书的情形

出自:天津市市立通俗图书馆月刊,1936,2(5)

|阅览篇|

天津鼓楼西儿童图书馆取书时的情形

出自：天津市市立通俗图书馆月刊，1936，2（5）

649

图书馆老照片

农民设立的经济图书馆(中华平民教育促进会定县实验区)
出自：农村复兴委员会会报，1934，2(7)

| 阅览篇 |

露天图书馆（图书担开放的情形）
该照片是中华平民教育促进会定县实验区乡村工作情形系列照片之一。
出自：农村复兴委员会会报，1934，2（7）

图书馆老照片

河北省立师范学院图书馆新建筑——阅览室

出自：图书馆学季刊，1934，8（1）

|阅览篇|

河北省立女子师范学院图书馆师中部阅览室
出自：钱亚新编. 河北省立女子师范学院图书馆指南. 天津：河北省立女子师范学院，1934：5

图书馆老照片

保定培德中学图书馆之一隅

出自：教育杂志，1929，21（6）

| 阅览篇 |

山西大同县公立图书馆阅览室阅书情形
出自：山西大同县公立图书馆筹备委员会编.
山西大同县公立图书馆纪念刊.[大同]：山西
大同县公立图书馆筹备委员会，1936

图书馆老照片

山西大同县公立图书馆阅览室阅报情形
出自：山西大同县公立图书馆筹备委员会编.
山西大同县公立图书馆纪念刊.[大同]：山西
大同县公立图书馆筹备委员会，1936

|阅览篇|

山西省立民众教育馆图书阅览室

出自：山西省立民众教育馆编. 山西省立民众教育馆三周年刊. 太原：山西省立民众教育馆，1936

图书馆老照片

山西省立民众教育馆儿童图书阅览室一角

出自：山西省立民众教育馆编. 山西省立民众教育馆三周年刊. 太原：山西省立民众教育馆，1936

山西省立民众教育馆报志阅览室内部之一

出自：山西省立民众教育馆编.山西省立民众教育馆三周年刊.太原：山西省立民众教育馆，1936

图书馆老照片

山西公立法政专门学校新图书馆阅书室之一

出自：山西公立法政专门学校暨山西省立法学院校友会编. 山西公立法政专门学校暨山西省立法学院校友会成立一周年纪念母校特刊. 太原：山西公立法政专门学校暨山西省立法学院校友会，1935

| 阅 览 篇 |

山西铭贤学校图书馆新闻阅览室

出自：李钟履著. 山西铭贤学校图书馆概况. [北京]：中华图书馆协会，[19--]

图书馆老照片

辽宁省立图书馆普通阅览室

出自：辽宁省立图书馆馆刊，1930，1（9）

|阅览篇|

东北大学图书馆内景之一

出自:东北大学年鉴委员会编.东北大学年鉴.沈阳:东北大学年鉴委员会,1929

图书馆老照片

陕西省立第一民教馆儿童阅览室内自由阅读的儿童

出自：陕西教育月刊，1935（6）

|阅览篇|

陕西省立第七师范学校阅览室

出自：学生杂志，1929，16（8）

图书馆老照片

上海市立图书馆杂志阅览处

出自：[上海市立图书馆]编.上海市立图书馆概况.[上海]：[上海市立图书馆]，[1932]

| 阅览篇 |

上海市立图书馆阅览室
出自：图书馆学季刊，1934，8（2）

图书馆老照片

上海市图书馆图书阅览室

出自:[上海市图书馆]编.上海市图书馆成立纪念册.[上海]:上海市图书馆,[1936]

|阅览篇|

上海市图书馆杂志阅览室（一）

出自：[上海市图书馆]编.上海市图书馆成立纪念册.[上海]：上海市图书馆，[1936]

图书馆老照片

上海市图书馆杂志阅览室（二）
出自：少年画报，1937（3）

|阅览篇|

上海市立图书馆儿童图书室阅书情形

出自：图书馆学季刊，1936，10（1）

上海市图书馆儿童阅览室阅读情形

出自:少年画报,1937(3)

上海中国国际图书馆杂志阅览室内部

出自：中国国际图书馆编. 中国国际图书馆杂志阅览室. 上海：中国国际图书馆，[1932?-1949?]

上海中国国际图书馆第一阅览室

出自：中国国际图书馆编. 中国国际图书馆图册. 上海：世界书局，1934

|阅览篇|

上海中国国际图书馆第二阅览室
出自：中国国际图书馆编.中国国际图书馆图册.上海：世界书局，1934

图书馆老照片

海关图书馆阅览室

出自：图书馆学季刊，1937，11（2）

| 阅 览 篇 |

上海东方图书馆附设儿童图书馆内部

出自：教育杂志，1928，20（11）

图书馆老照片

京沪区铁路管理局图书馆阅览室一角

出自:京沪周刊,1947,1(18)

京沪区铁路管理局图书馆"巡回文库"箱,可供沿线员工阅览

出自:京沪周刊,1947,1(29)

图书馆老照片

上海法租界市政图书馆

出自：老上海. 上海：上海教育出版社，1998：409

上海平民村内的图书馆,供渴求知识之大众阅览

出自:良友,1936(119):34

图书馆老照片

上海市博物馆图书阅览室

出自：良友，1936（120）：10

上海总商会商业图书馆

出自：上海总商会月报，1924，4（3）

图书馆老照片

上海总商会商业图书馆阅书室之一

出自：上海总商会月报，1925，5（8）

上海商会商业图书馆借书处与编目室

该馆办公用集中制。编目与出纳同在一处,目录卡片箱亦陈置其中。进馆借阅图书,先检查目录后,随手可向借书处领书。书库相联,数万册书,可能于2分钟内供应。全日到馆阅览日报杂志图书者,百数十人。图书借至馆内馆外参考者计120余册。全年阅览人数3万余,借书次数4万余,占上海市民不及万分之一。

出自:商业月报,1930,10(10)

注:1929年5月国民党整顿上海商会组织,将上海总商会改组为上海市商会。

图书馆老照片

中华化学工业会图书馆

出自：化学工业：中华化学工业会季刊，1929，4（2）

| 阅览篇 |

上海市立民众教育馆儿童阅览室内儿童专心阅书的情景

出自：新民，1932（2）

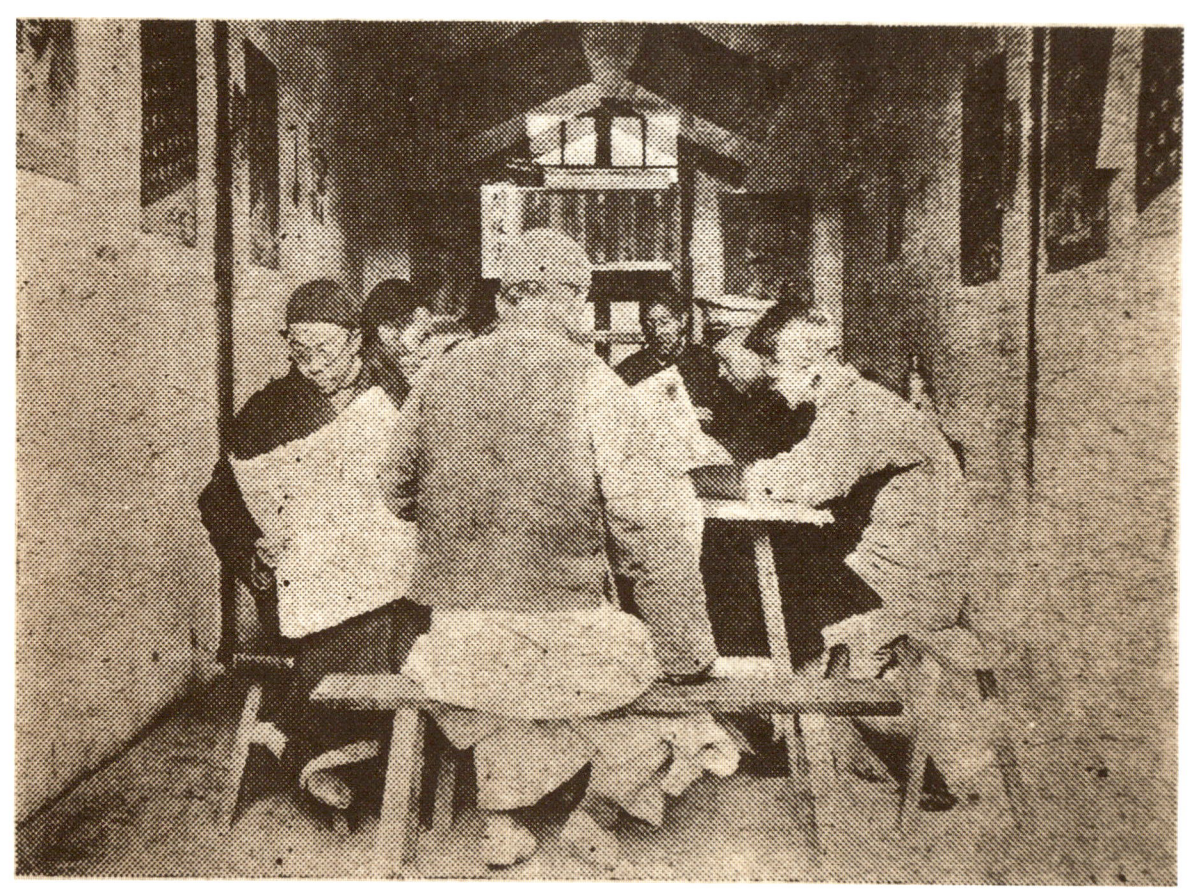

[江苏省] 金山县民众教育馆阅报室

出自：县政研究，1940，2（2）：24

|阅览篇|

申报流通图书馆阅览室之一角

出自：[申报流通图书馆]编.申报流通图书馆第二年工作报告：纪念史量才先生.[上海]：[申报流通图书馆]，[1935]

图书馆老照片

大夏大学图书馆阅览室

出自：大夏大学编. 私立大夏大学一览. 上海：大夏大学，1929

|阅览篇|

大夏大学图书馆杂志室

出自：大夏大学编. 私立大夏大学一览. 上海：大夏大学，1929

图书馆老照片

大夏大学图书馆参考阅览室

出自：大夏大学编. 私立大夏大学一览. 上海：大夏大学，1934

大夏大学图书馆普通阅览室

出自：大夏大学编.大夏大学十周年纪念册.[上海]：大夏大学，[1934]

图书馆老照片

复旦大学辅庭图书室

出自：复旦大学编. 复旦大学乙丑年鉴.
上海：复旦大学乙丑年鉴社，1925：21

| 阅览篇 |

复旦大学阅书室

出自：复旦大学编. 复旦大学乙丑年鉴.
上海：复旦大学乙丑年鉴社，1925：20

图书馆老照片

光华大学图书馆阅览室

出自：光华大学编. 光华年刊：甲戌年. 上海：光华大学，1934

交通部吴淞商船专科学校图书室

出自：交通部吴淞商船专科学校编. 交通部吴淞商船专科学校一览. 上海：交通部吴淞商船专科学校，1934

图书馆老照片

上海法政大学图书阅览室

出自：上海法政大学编. 上海法政大学戊辰级毕业纪念册. 上海：上海法政大学，1928

| 阅览篇 |

上海法政大学图书馆 阅览室

出自：上海法政学院丙子级级友会编. 上海法政学院第十二届毕业纪念刊. 上海：上海法政学院丙子级级友会，[1937]

图书馆老照片

上海美术专科学校图书馆阅览室
出自：上海美术专科学校编.上海美术专科学校二十五周年纪念一览.上海：上海美术专科学校，1936

|阅览篇|

上海美术专科学校图书馆杂志阅览处

出自：上海美术专科学校编.上海美术专科学校二十五周年纪念一览.上海：上海美术专科学校，1936

图书馆老照片

国立上海商学院图书馆阅书室

出自：国立上海商学院编. 国立上海商学院第二届毕业纪念刊. 上海：国立上海商学院，1934：54

|阅览篇|

国立同济大学图书馆阅览室

出自：国立同济大学出版课编. 国立同济大学概览. 上海：国立同济大学，[1934]

图书馆老照片

国立同济大学图书馆阅报室

出自：国立同济大学出版课编. 国立同济大学概览. 上海：国立同济大学，[1934]

| 阅览篇 |

国立同济大学图书馆杂志阅览室
出自：国立同济大学出版课编. 国立同济大学概览. 上海：国立同济大学，[1934]

图书馆老照片

震旦大学图书馆学生阅览室

出自：震旦大学图书馆编. 震旦大学图书馆概况. 上海：震旦大学图书馆, 1937

| 阅览篇 |

震旦大学图书馆公众阅览室

出自：震旦大学图书馆编. 震旦大学图书馆概况. 上海：震旦大学图书馆，1937

图书馆老照片

震旦大学图书馆目录室

出自：震旦大学图书馆编. 震旦大学图书馆概况. 上海：震旦大学图书馆，1937

|阅览篇|

光华大学附属中学图书阅览室

出自：光华附中筹备十周年纪念委员会编辑股编辑. 光华大学附属中学十周年纪念册. 杭州：之江附中学生自治会[发行], 1935（1）

图书馆老照片

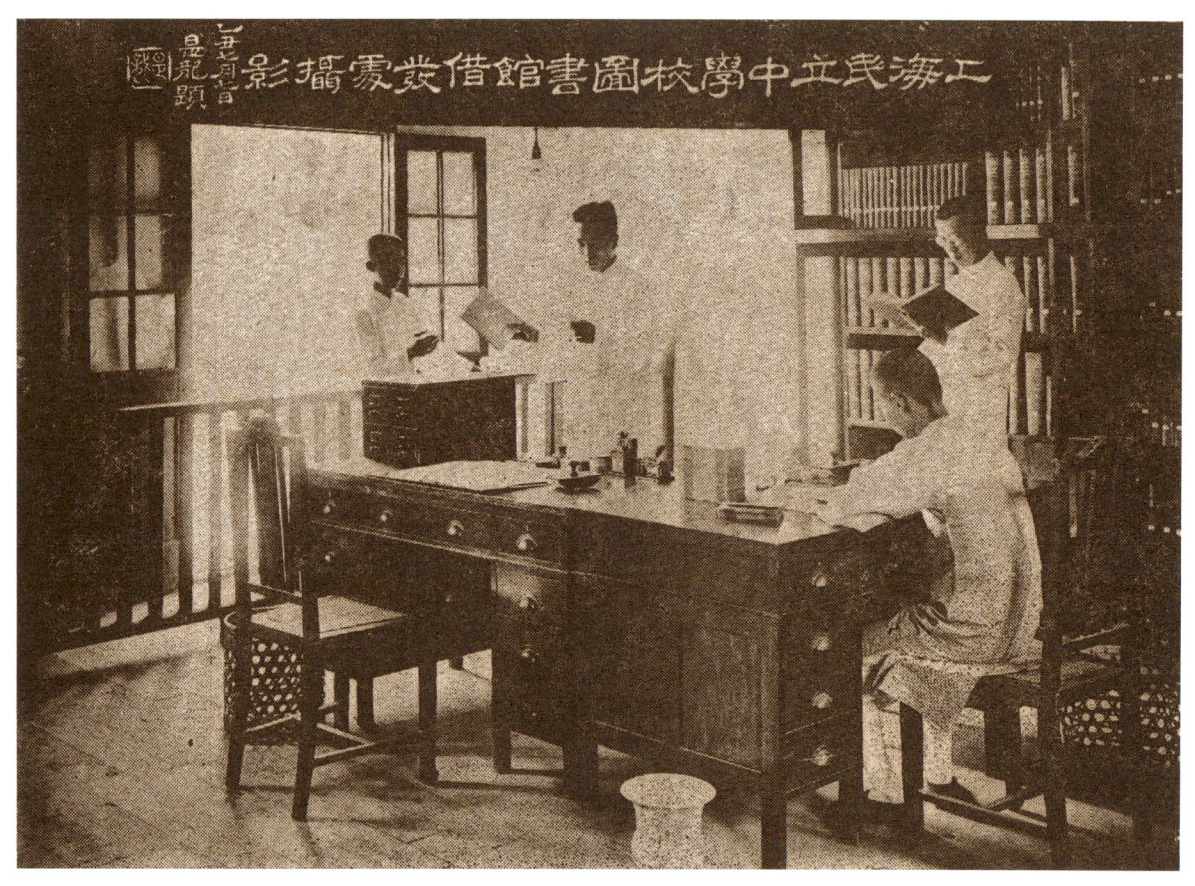

上海民立中学校图书馆借发处（1925年7月7日）

出自：陈天鸿编. 上海民立中学图书馆概况. 上海：上海民立中学图书馆，1926

上海市立儿童图书馆阅书室情形（设于上海闸北和安小学）

出自：新社会半月刊，1934，7（6）

儿童图书馆巡回图书车

出自：申报，1941-12-01

尚公学校尚公市之儿童图书馆

出自：教育杂志，1929，21（7）

图书馆老照片

山东省立图书馆普通图书阅览室一角

出自：山东省立图书馆编. 山东省立图书馆概况. [济南]：山东省立图书馆，[1933]

|阅览篇|

国立山东大学图书馆图书阅览室

出自:[国立山东大学图书馆]编.国立山东大学图书馆概况.[济南]:[国立山东大学图书馆],1936

图书馆老照片

青岛褐木庐戏剧图书馆

该馆为前北大教授戏剧家宋春舫先生私产,内藏英法德意剧本约3千册。

出自:北洋画报,1932(730)

|阅览篇|

国立中央图书馆阅览室

出自：国立中央图书馆编. 国立中央图书馆概况. [南京]：[国立中央图书馆]，1947

图书馆老照片

国立中央图书馆白沙民众阅览室
出自：国立中央图书馆编. 国立中央图书馆概况. [南京]：[国立中央图书馆]，1947

| 阅览篇 |

南京市市立第一通俗图书馆民众阅览报章的情况

出自:教育杂志,1929,21(12)

图书馆老照片

南京市市立第一通俗图书馆儿童阅览图书的情况

出自：教育杂志，1929，21（12）

| 阅览篇 |

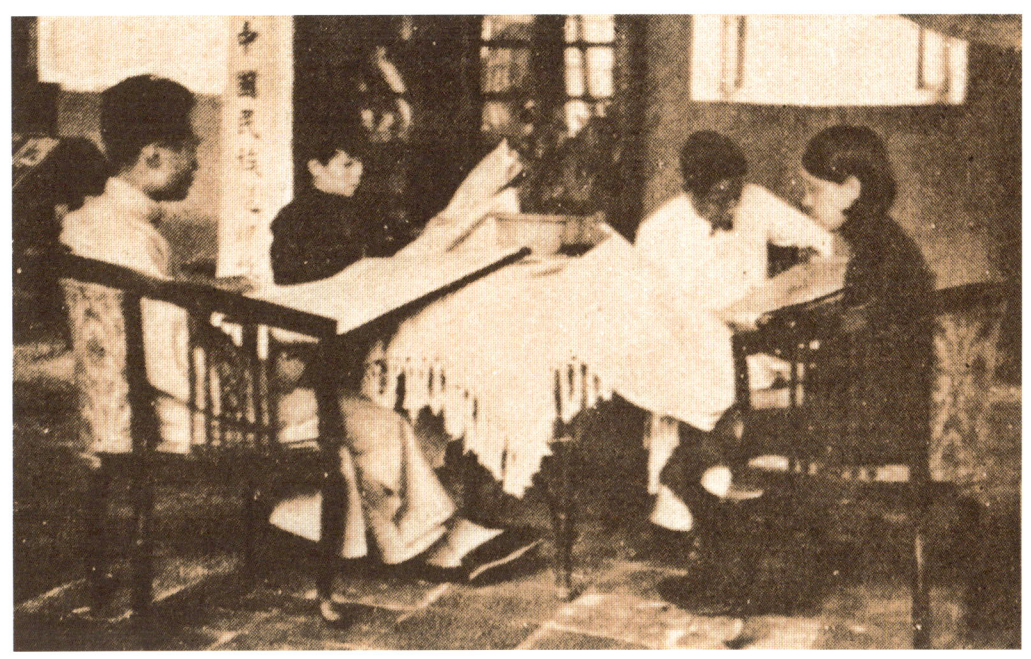

江苏省教育厅图书馆阅报的情形

出自：江苏教育，1932，1(5)

图书馆老照片

行政院图书馆阅览室

出自：行政院图书馆编.行政院图书馆概况.南京：行政院图书馆，1934

| 阅览篇 |

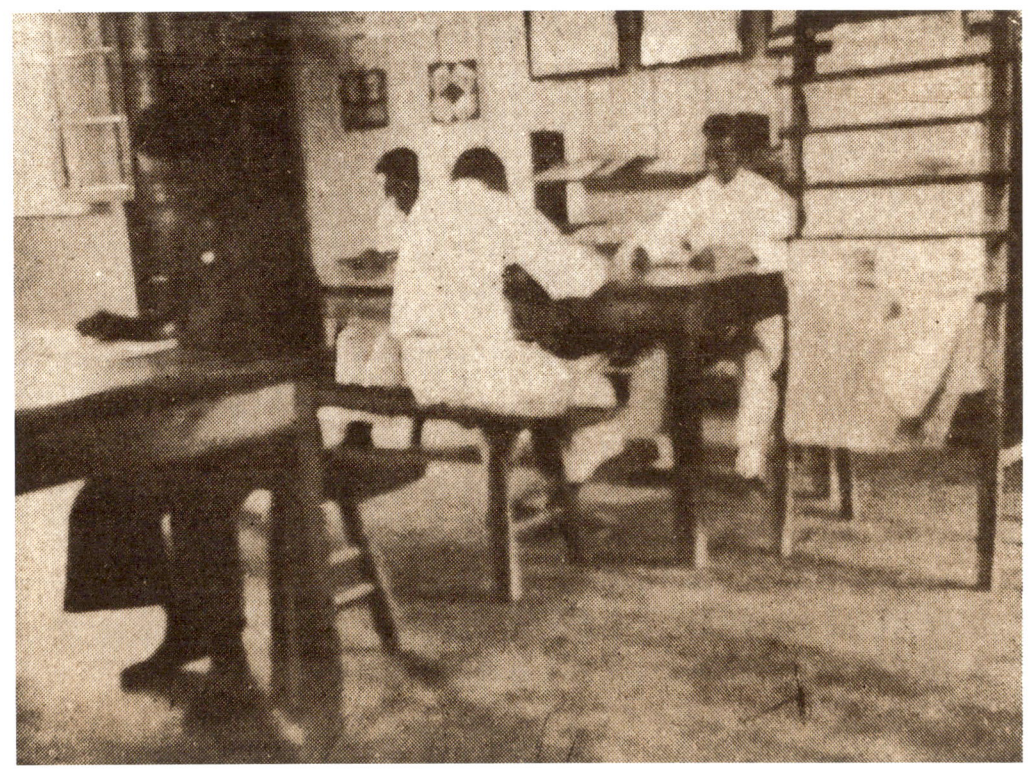

江苏省立汤山农民教育馆书报阅览室之一隅

出自：农民教育，1932，2（4-6）

图书馆老照片

江苏第一女子师范学校图书馆第二室

出自:妇女杂志,1922,8(2)

|阅览篇|

金陵女子文理学院旧图书馆

出自：杨丽琳等编. 私立金陵女子文理学院年刊. 南京：金陵女子文理学院，1936

图书馆老照片

中央大学国学图书馆阅书室

出自：中央大学国学图书馆编. 中央大学国学图书馆第一年刊. 南京：南京龙蟠里本馆[发行]，[1928]

| 阅 览 篇 |

中央大学区通俗教育馆图书部流动书车巡回情形
出自：民众教育月刊，1931，3（4-5）

图书馆老照片

国立中央大学图书馆大阅览厅之一

出自：桂质柏编. 国立中央大学图书馆概况. 南京：国立中央大学图书馆，1934

|阅览篇|

国立中央大学图书馆期刊阅览厅

出自：[著者不详]. 国立中央大学图书馆概况. 北平：国立中央图书馆，1937

图书馆老照片

金陵中学图书馆阅览室

出自：金陵中学编. 金陵中学校刊：第 7 期特号. 南京：金陵中学，[1934]

| 阅览篇 |

国立中央大学实验学校高级部的学级文库

出自:卢震京著.小学图书馆概论.上海:商务印书馆,[1936]

江苏省立镇江图书馆阅览室

出自:图书馆学季刊,1936,10(4)

|阅览篇|

江苏省立镇江图书馆参考室

出自：图书馆学季刊，1936，10（4）

图书馆老照片

江苏省立镇江图书馆杂志室

出自：图书馆学季刊，1936，10（4）

|阅览篇|

中央大学区立苏州图书馆阅书室

出自：苏州图书馆编. 中央大学区立苏州图书馆一览.［苏州］：［苏州图书馆］，1928

图书馆老照片

江苏省立扬州中学图书馆之一角

出自：江苏教育，1932，1（1）

| 阅览篇 |

江苏省立东海民众教育馆图书阅览室

出自：江苏省立东海民众教育馆编.八个月来之江苏省立东海民众教育馆.东海：江苏省立东海民众教育馆，1935

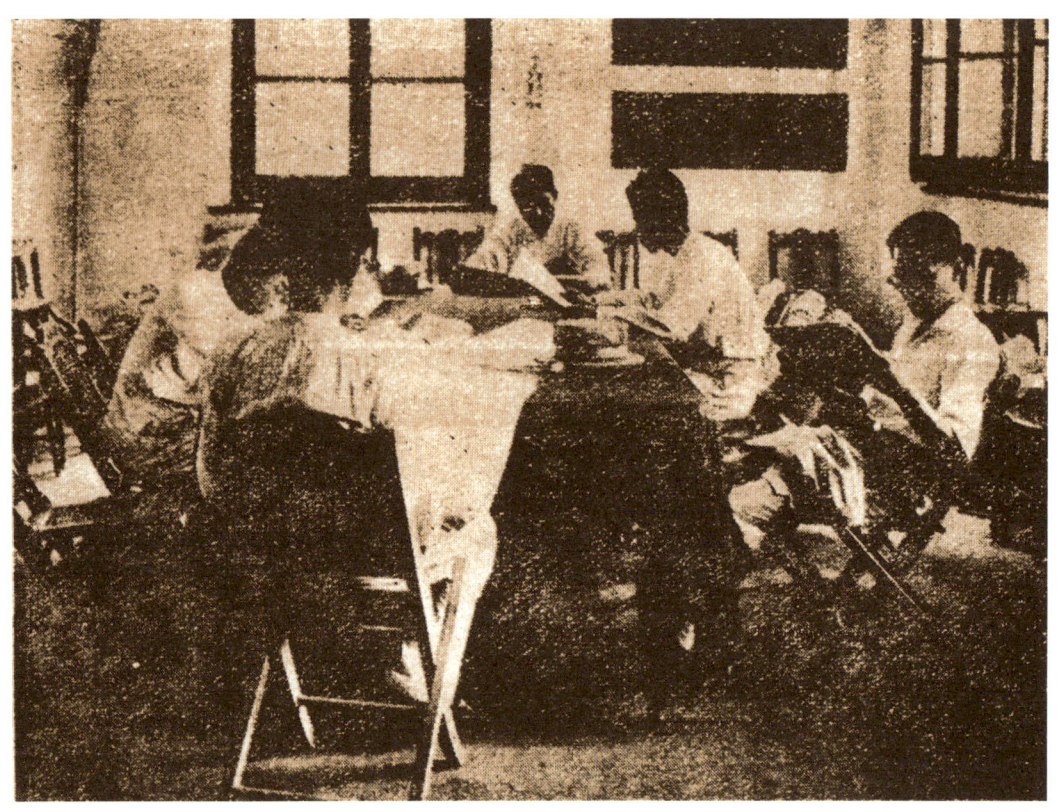

无锡县图书馆阅报室

出自：无锡县图书馆编. 无锡县图书馆概况. [无锡]：无锡县图书馆，[1931]：10

| 阅览篇 |

宜兴县立公共图书馆普通阅览室

出自：宜兴县立公共图书馆编.二年来之宜兴县立公共图书馆.[宜兴]：宜兴县立公共图书馆，1931

图书馆老照片

宜兴县立公共图书馆儿童阅览室
出自：宜兴县立公共图书馆编. 二年来之宜兴县立公共图书馆. [宜兴]：宜兴县立公共图书馆，1931

|阅览篇|

江苏省立教育学院无锡江阴巷实验民众图书馆之阅报室

出自：教育与民众，1931，2（5）

图书馆老照片

江苏省立教育学院南门实验民众教育馆成人阅览室

出自：郁瘦梅编. 五个月的实验民众教育馆. 无锡：江苏省立教育学院南门实验民众教育馆，1931

|阅览篇|

江苏省立教育学院南门实验民众教育馆儿童阅览室

出自：郁瘦梅编. 五个月的实验民众教育馆. 无锡：江苏省立教育学院南门实验民众教育馆，1931

图书馆老照片

江苏省立教育学院南门实验民众教育馆民众茶园阅书报处

出自：郁瘦梅编. 五个月的实验民众教育馆. 无锡：江苏省立教育学院南门实验民众教育馆，1931

江苏省立教育学院民众教育馆之新工具,宣传车送书的情形

出自:教育与民众,1933,5(2):372

图书馆老照片

江苏省立教育学院流动书车

出自：教育与民众，1934，6（1）

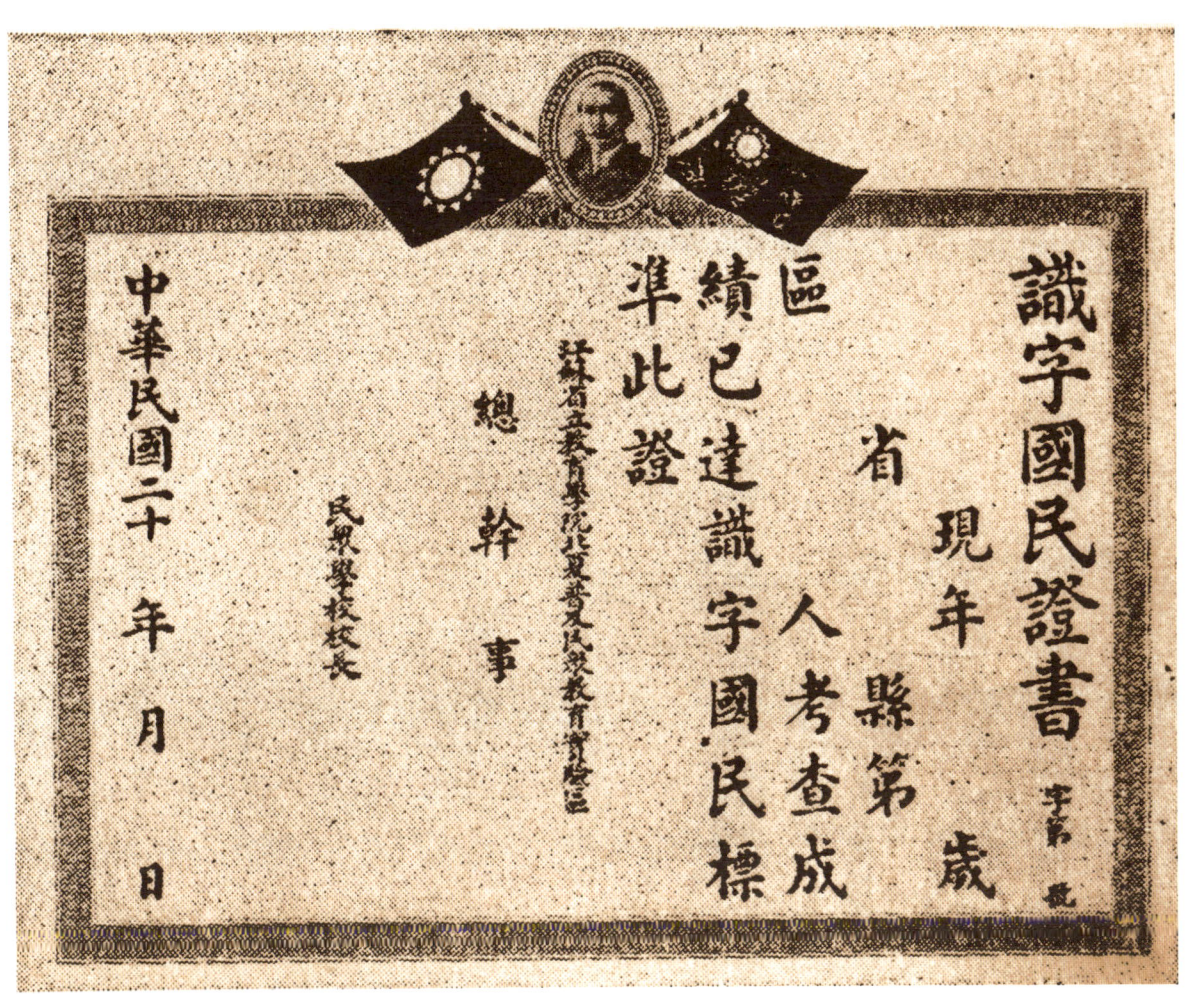

中华民国识字国民证书

出自：教育与民众，1934，6（1）

图书馆老照片

中央大学区立民众教育院劳农学院图书馆阅览室

出自：教育与民众，1929，1（2）

|阅览篇|

汪伪时期的"国立模范中学"图书馆阅书情形

出自：教育建设，1940，1（4）

图书馆老照片

安徽省立图书馆普通阅览室

出自：安徽省立图书馆编. 安徽省立图书馆概况. 安庆：安徽省立图书馆，1933

|阅览篇|

安徽省立图书馆杂志参考室

出自：安徽省立图书馆编. 安徽省立图书馆概况. 安庆：安徽省立图书馆，1933

图书馆老照片

安徽省立图书馆儿童阅览室

出自：安徽省立图书馆编. 安徽省立图书馆概况. 安庆：安徽省立图书馆，1933

| 阅览篇 |

安徽大学图书馆内景

出自：安徽大学编. 安徽大学年刊. 安徽大学编. 安庆：安徽大学，1932

浙江省立图书馆阅报室

出自：[浙江省立图书馆]编.浙江省立图书馆概况.[杭州]：[浙江省立图书馆]，1931

|阅览篇|

浙江省立图书馆阅书室

出自：[浙江省立图书馆]编.浙江省立图书馆概况.[杭州]：[浙江省立图书馆],1931

图书馆老照片

浙江省立图书馆掌书处

出自：[浙江省立图书馆]编. 浙江省立图书馆概况. [杭州]：[浙江省立图书馆]，1931

|阅览篇|

浙江省立民众教育馆图书馆阅览室

出自：浙江省立图书馆辅导组编. 浙江全省图书馆概览. 杭州：浙江省立图书馆售书处，1934

图书馆老照片

国立浙江大学图书馆阅书室

出自：国立浙江大学工学院民一八级级友会编. 国立浙江大学第二届毕业纪念刊. 杭州：国立浙江大学工学院民一八级级友会，[1929]：66

|阅览篇|

浙江省两浙盐务中学图书馆阅览室
出自：浙江省立图书馆辅导组编. 浙江全省图书馆概览. 杭州：浙江省立图书馆售书处，1934

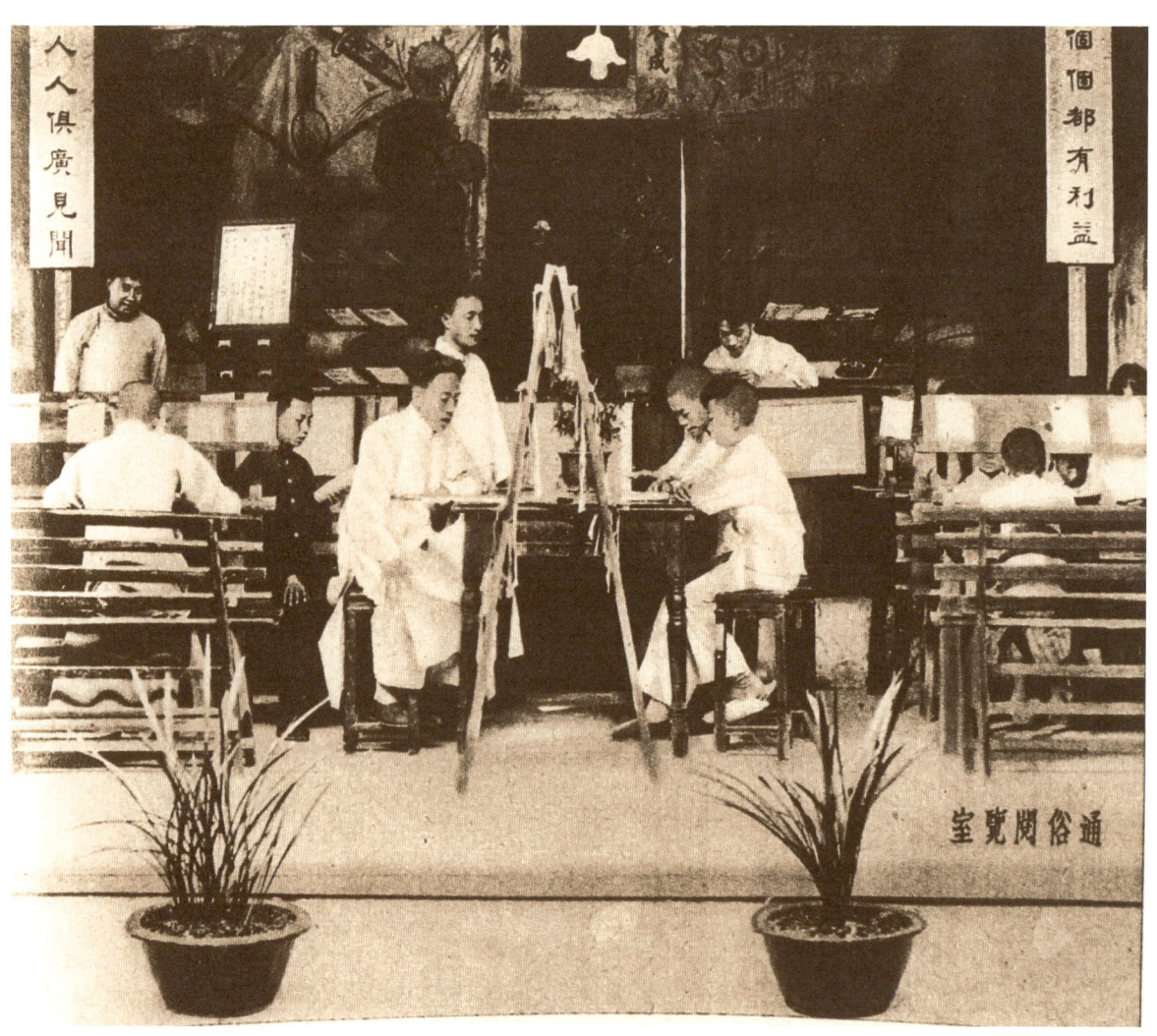

浙江常山县立民众教育馆通俗阅览室

出自：中华教育界，1934，22（5）

浙江省海盐县立图书馆阅览室

出自：浙江省立图书馆辅导组编. 浙江全省图书馆概览. 杭州：浙江省立图书馆售书处[发行]，1934

图书馆老照片

浙江兰溪绳武小学之级图书馆①

浙江兰溪绳武小学之级图书馆①

出自：教育杂志，1930，22（8）

①注："级图书馆"，原文如此。

| 阅览篇 |

福建省立图书馆普通阅览室
出自：福建省立图书馆编.福建省立图书馆概况.福州：福建省立图书馆，1931

图书馆老照片

福建省立图书馆杂志阅览室

出自：福建省立图书馆编. 福建省立图书馆概况. 福州：福建省立图书馆，1931

| 阅览篇 |

福建省立图书馆阅报室

出自：福建省立图书馆编. 福建省立图书馆概况. 福州：福建省立图书馆，1931

图书馆老照片

福建省立图书馆儿童阅览室

出自：福建省立图书馆编. 福建省立图书馆概况. 福州：福建省立图书馆，1931

|阅览篇|

建瓯公立图书馆阅报室

出自：建瓯县公立图书馆编. 福建建瓯县公立图书馆十周年纪念刊. [建瓯]: 建瓯县公立图书馆, 1930

图书馆老照片

福建私立集美学校图书馆阅览室

出自：福建私立集美学校廿周年纪念刊编辑部编. 集美学校廿周年纪念刊. 厦门：福建私立集美学校廿周年纪念刊编辑部，1933：19

|阅览篇|

厦门大学图书馆阅览室

出自：厦门大学编. 厦大年刊. 厦门：厦门大学，1929

图书馆老照片

厦门大学图书馆杂志室

出自:厦大周刊,1934,13(19)

|阅览篇|

学海书院图书馆阅览室出纳部

出自：学海书院图书馆编.学海书院图书馆书目：第一集.[出版地不详]：学海书院图书馆，1936

图书馆老照片

学海书院图书馆阅览室西文部

学海书院图书馆阅览室西文部

出自：学海书院图书馆编.学海书院图书馆书目：第一集.[出版地不详]：学海书院图书馆，1936

|阅览篇|

湖北省立图书馆图书阅览室外景
出白：湖北省立图书馆编.湖北省立图书馆概况.[武汉]：[湖北省立图书馆],1930

图书馆老照片

湖北省立图书馆儿童阅览室

出自：湖北省立图书馆编.湖北省立图书馆概况.[武汉]:[湖北省立图书馆],1930

|阅览篇|

国立武汉大学图书馆阅览室正面

出自：[国立武汉大学图书馆]编.国立武汉大学图书馆概况.[武昌]：[国立武汉大学图书馆]，[193-]

图书馆老照片

国立武汉大学图书阅览室

出自：国立武汉大学编. 国立武汉大学第二届毕业纪念刊. [武汉]：国立武汉大学，1933

|阅览篇|

国立武汉大学图书馆期刊阅览室
出自：[国立武汉大学图书馆]编. 国立武汉大学图书馆概况. [武昌]：[国立武汉大学图书馆], [193–]

图书馆老照片

武昌中华大学图书馆之一

出自：武昌中华大学编. 武昌中华大学三十六届毕业同学录. 武昌：武昌中华大学，1935

| 阅览篇 |

湖南省立中山图书馆阅书室阅书情形
出自：湖南省立中山图书馆编.湖南省立中山图书馆概见.[长沙].湖南省立中山图书馆，1936

图书馆老照片

湖南私立南轩图书馆阅览室之一

出自：南轩图书馆编. 湖南南轩图书馆十周年纪念刊. 长沙：南轩图书馆，1934

| 阅览篇 |

湖南大学图书馆阅书室

出自：湖南大学编. 湖南大学一览：中华民国十八年. 长沙：湖南大学，1929

图书馆老照片

湖南大学图书馆阅书室

出自：湖南大学编. 湖南大学一览：民国二十二年度. 长沙：湖南大学，1934

| 阅览篇 |

广州市市立中山图书馆普通阅览室
出自：广州市市立中山图书馆编. 广州市市立中山图书馆特刊. [广州]：广州市市立中山图书馆，[1930]

图书馆老照片

国立中山大学图书馆阅览室（杂志之部）

出自：国立中山大学图书馆编. 国立中山大学图书馆概览. 广州：国立中山大学图书馆，[1935]

|阅览篇|

国立中山大学图书馆阅览室（旧杂志之部）
出自：国立中山大学图书馆编. 国立中山大学图书馆概览. 广州：国立中山大学图书馆，[1935]

图书馆老照片

国立中山大学图书馆阅览室（报纸之部）

出自：国立中山大学图书馆编. 国立中山大学图书馆
概览. 广州：国立中山大学图书馆，[1935]

|阅览篇|

国立中山大学图书馆阅览室（参考书之部）
出自：国立中山大学图书馆编. 国立中山大学图书馆概览. 广州：国立中山大学图书馆，[1935]

图书馆老照片

广州大学图书馆阅览室之一部

出自:广州大学图书馆季刊,1933,1(1)

|阅览篇|

广东国民大学图书馆阅书室

出自:广东国民大学图书馆馆刊,1934(2-3)

图书馆老照片

广州岭南大学图书馆之内观

出自：伍联德等编. 中国大观：图画年鉴 1930. 上海：良友图书公司，[1931]：68

| 阅览篇 |

私立广东光华医科学院图书馆之一角

出自：私立广东光华医科学院总务处编. 私立广东光华医科学院概况. 广州：私立广东光华医科学院总务处，1935

图书馆老照片

广州培正中学图书馆第一分馆

出自：培正中学图书馆馆刊，1934，1（1）

广州培正中学图书馆杂志阅览室
出自：培正中学图书馆馆刊，1934，1（1）

图书馆老照片

景堂图书馆阅报纸杂志室内部

出自：景堂图书馆编. 景堂图书馆指南.
新会（广东）：景堂图书馆，[1933]：18

|阅览篇|

景堂图书馆阅书室内部

出自：景堂图书馆编. 景堂图书馆指南. 新会（广东）：
景堂图书馆，[1933]：29

图书馆老照片

景堂图书馆儿童室

出自：景堂图书馆编. 景堂图书馆概况.
新会（广东）：景堂图书馆，1926

|阅览篇|

东莞博物图书馆阅览室

出自：东莞博物图书馆编. 东莞博物图书馆特刊 [出版者不详]，[1935]

图书馆老照片

广西大学图书馆借书室
出自：广西大学民二五级编.广西大学民二五级毕业纪念册.[出版地不详]：广西大学民二五级，1936

|阅览篇|

广西大学图书馆阅报室

出自：广西大学民二五级编. 广西大学民二五级毕业纪念册. [出版地不详]：广西大学民二五级，1936

图书馆老照片

成都华西大学图书馆阅览室
出自：图书馆学季刊，1931，5（3-4）

|阅览篇|

北碚民众图书馆普通阅览室一角

出自：北碚月刊，1937，1（9-10）

北碚民众图书馆深入民间的巡回图书担

出自:北碚月刊,1937,1(9-10)

|阅览篇|

万县公立图书馆阅览室之一隅

出自：[万县公立图书馆]编. 万县公立图书馆概要. [出版地不详]：[万县公立图书馆]，1930

图书馆老照片

万县县立民众教育总馆阅报室
出自：[著者不详]. 万县县立民众教育总馆第一周年纪念特刊. 万县（四川）：[万县县立民众教育总馆]，1934

|阅览篇|

重庆大学图书馆阅览室之一

出自：图书馆学季刊，1934，8（4）

图书馆老照片

云南大学图书馆阅览室

出自：云南大学编辑委员会编辑. 云南大学一览：
民国二十五年份. 昆明：云南大学，1937

|阅览篇|

日内瓦中国国际图书馆阅书室正面

出自:中国国际图书馆编.中国国际图书馆图册.上海:世界书局,1934

图书馆老照片

日内瓦中国国际图书馆阅书室之二
出自：中国国际图书馆编. 中国国际图书馆图册. 上海：世界书局，1934

|阅览篇|

日内瓦中国国际图书馆报纸杂志室

出自：中国国际图书馆编. 中国国际图书馆图册. 上海：世界书局，1934

日本东京市立日比谷图书馆普通阅览室

出自：教育杂志，1927，19（1）

|阅览篇|

日本东京市立日比谷图书馆儿童室

出自：教育杂志，1927，19（1）

暹罗他巢华侨启明学校图书馆（一）

出自：教育杂志，1930，22（3）

暹罗他巢华侨启明学校图书馆(二)

出自:教育杂志,1930,22(3)

图书馆老照片

印度马特拉斯青年会学院图书馆

马特拉斯青年会学院所有学生皆在图书馆中研究一切有关健康教育实践方式。

出自：世界月报. 印度：世界月报社，[19--]，3（1）

苏联库士聂茨钢铁工厂文化宫的阅览室

出自：时代杂志[上海]，1946，6（30）

图书馆老照片

大英博物院阅览室
出自：（英）麦考温（L. R. McColvin），（英）累维（J. Revie）著；蒋复璁译述. 英国图书馆. 上海：商务印书馆，1949

伦敦图书馆阅览室

出自：(英) 麦考温 (L. R. McColvin), (英) 累维 (J. Revie) 著；
蒋复璁译述. 英国图书馆. 上海：商务印书馆, 1949

图书馆老照片

英国王室图书馆

出自：图书馆学季刊，1932，6（3）

英国韦斯明斯忒中央图书馆出纳台

出自：(英)麦考温(L. R. McColvin)，(英)累维(J. Revie)著；蒋复璁译述. 英国图书馆. 上海：商务印书馆，1949

图书馆 老照片

伦敦圣班克拉斯的巡回图书馆

出自：(英)麦考温(L. R. McColvin),(英)累维(J. Revie)著；蒋复璁译述.英国图书馆.上海：商务印书馆，1949

| 阅览篇 |

英国兰开县乡镇图书馆松吞分馆儿童阅览室

出自:(英)麦考温(L. R. McColvin),(英)累维(J. Revie)著;蒋复璁译述. 英国图书馆. 上海:商务印书馆,1949

图书馆老照片

英国赫累福德礼拜堂之锁链图书馆

出自：(英)麦考温(L.R.McColvin),(英)累维(J.Revie)著；
蒋复璁译述. 英国图书馆. 上海：商务印书馆, 1949

| 阅览篇 |

英国全国书籍协会主办的儿童书籍周,在圣班克拉斯公共图书馆阅览的儿童们

出自:(英)麦考温(L. R. McColvin),(英)累维(J. Revie)著;蒋复璁译述.英国图书馆.上海:商务印书馆,1949

图书馆老照片

剑桥大学图书馆阅览室

出自：（英）麦考温（L. R. McColvin），（英）累维（J. Revie）著；蒋复璁译述. 英国图书馆. 上海：商务印书馆，1949

|阅览篇|

纽约公立图书馆之大参考阅书室

出自：图书馆学季刊，1926，1（3）

图书馆老照片

纽约公立图书馆之成人流通部

出自：图书馆学季刊，1926，1（3）

| 阅览篇 |

纽约公共图书馆之阅书室

四周装置精美,其设备之考究尤可谓无微不至。每一阅览桌上置有电灯及一切应用文具等,俨然公司中之写字台。

出自:商业月报,1930,10(10)

图书馆老照片

林肯学校图书馆

出自：教育杂志，1923，15（5）

| 阅览篇 |

芝加哥大学实验小学儿童自由阅读之情况

出自：教育杂志，1929，21（2）

其他 肆

图书馆老照片

国立北平图书馆目录室及图书收发柜，设置的运输机可自动直达书库柜

出自：良友，1933（73）

北平市第一社会教育区民众教育馆之流动图书车
出自：时代教育，1934，2（3）：15

图书馆老照片

国立北平师范大学图书馆杂志陈列处

出自：国立北平师范大学图书课、出版课编. 国立北平师范大学图书馆概况. [北京]：国立北平师范大学图书课、出版课，[1933]

天津市立图书馆图书阅览室之目录箱

出自：天津市立图书馆编. 天津市立图书馆概况. [天津]：天津市立图书馆，[1936]：7

天津市立图书馆新闻阅览室的阅报台

出自：天津市立图书馆编. 天津市立图书馆概况. [天津]：天津市立图书馆, [1936]: 8

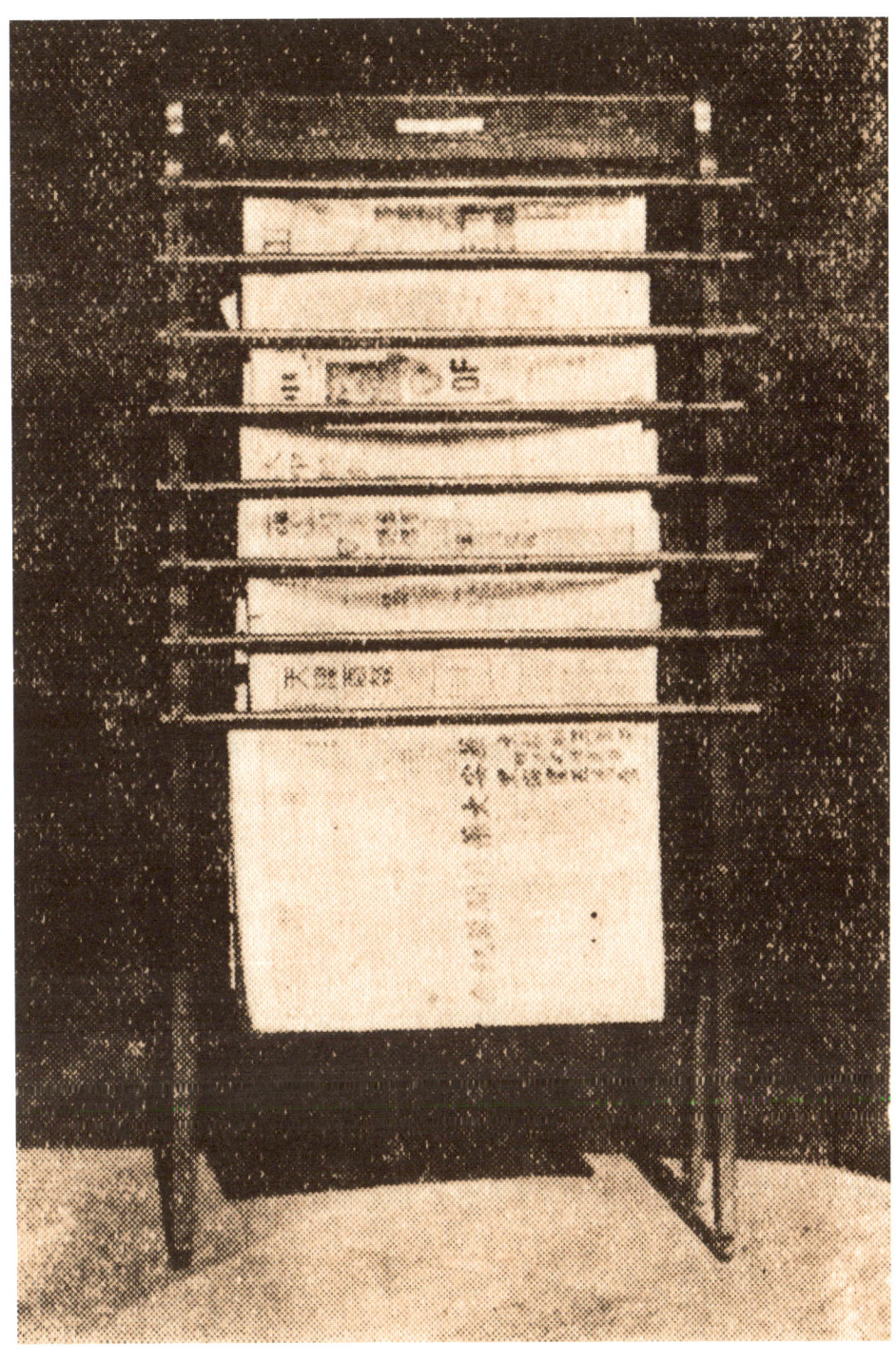

天津市立图书馆新闻阅览室之报架

出自：天津市立图书馆编. 天津市立图书馆概况. [天津]：天津市立图书馆，[1936]：9

图书馆老照片

上海市图书馆目录柜

出自：上海市图书馆编. 上海市图书馆成立纪念册. [上海]：上海市图书馆, [1936]

民众教育馆之一新工具,宣传车出发时之情形

出自:教育与民众,1933,5(2):377

景堂图书馆报纸架

出自：景堂图书馆编. 景堂图书馆指南. 新会（广东）：景堂图书馆，[1933]：67

| 其 他

景堂图书馆字典架

出自：景堂图书馆编.
景堂图书馆指南. 新会
（广东）：景堂图书馆，
[1933]：89

图书馆老照片

景堂图书馆借书券箱

出自：景堂图书馆编. 景堂图书馆指南. 新会（广东）：景堂图书馆，[1933]：70

| 其 他 |

罗马尼亚克吕其大学图书馆之送书机

出自:图书馆学季刊,1934,8(4)

图书馆老照片

民众图书馆设施一斑：丹麦之流动书车

出自：教育与民众，1934，6（1）

| 其 他 |

图书巡回车

出自：喻友信著. 实用图书馆学.
上海：中国图书馆服务社，1937

图书馆老照片

美国波士顿州公共图书馆巡游图书馆

美国波士顿州公共图书馆的新工作——移动图书馆，用汽车装载新刊书类，巡行各处，以方便读者。

出自：顺天时报，1926-10-04

索 引

A
艾秀山，467
爱理福氏，449
安东图书馆，67
安徽大学图书馆，753
安徽省立图书馆，134，135
　—人员合影，534，535
　—阅览室，750，751，752
鞍山图书馆，68

B
巴黎大学图书馆，229
保定培德中学图书馆，654
鲍士伟，481
鲍益清，232
鲍振西，232
鲍铮，233
北碚民众图书馆
　—巡回图书担，802
　—人员合影，582，583
　—阅览室，801
北京大学图书馆，19，20，21，22
　—读者阅览，604，605，609
　—人员合影，458
　—阅览室，606，607，608
北京高师附属小学图书馆，637
北京高师图书馆
　—读者阅览，610
　—人员合影，460
北京汇文学校图书室，634
北京民国大学图书馆，32
　—读者阅览，618
北京图书馆协会，448
北平财政商业专科学校图书馆，24

北平成达师范学校福德图书馆，25
　—人员合影，459
北平大学法学院图书馆，23
北平第一普通图书馆，452
北平辅仁大学图书馆，28，29
　—读者阅览，612，613
北平近代科学图书馆，40，41
　—读者阅览，602，603
北平师大附属第一小学儿童图书馆，39
　—读者阅览，638
北平师范大学图书馆，26
　—编目室，462
　—出纳处，461
　—读者阅览，611
　—杂志陈列处，834
北平市第一社会教育区民众教育馆，17
　—流动图书车，833
北平市立第一普通图书馆，5，6
　—人员合影，453
　—阅览室，595，596
北平市立图书馆学讲习班，454
北平私立水高图书馆，18
　—人员合影，456，457
　—阅览室，601
北平特别市市立第一普通图书馆
　—读者阅览，592，593，594
　—人员合影，451
北平图书馆，2，3，4
　—人员合影，450
　—图书收发柜，832
　—阅览室，588，589，590，591
　—杂志股管理处，450

北洋大学图书馆，643
毕斗山，233，551
卞鸿儒，234

C
蔡葆真，235
蔡元培，235，496
曹根荪，236
曹毓钧，236
曹祖彬，237
长乐县立民众教育馆，159
常子鉴，237
朝阳大学图书馆，27
陈宝衡，238
陈伯逵，238
陈长伟，239
陈重寅，239
陈东原，240
陈独醒，241
陈寓骥，241
陈果夫，516
陈汉章，242
陈鸿飞，242
陈锦先，243
陈篆，449
陈其可，243
陈启修，244
陈清莲，550
陈然，244
陈受颐，449
陈颂，553
陈廷端，245
陈熙汉，245
陈训慈，246

847

图书馆老照片

陈养吾，247
陈永真，247
陈赞垣，248
陈子彝，518
陈作琛，249
成都华西大学图书馆，192
　　—读者阅览，800
程长源，565
程沪生，250
程乃猷，250
程品生，251
程其保，252
程天固，252
程艳秋，449
重庆大学图书馆，194
　　—读者阅览，805
重庆南开中学图书馆，197
重庆清华中学图书室，196
崔学忠，253
崔盈科，253

D

大连图书馆，69
大同县公立图书馆，477，478
大夏大学图书馆，99
　　—读者阅览，692，693
　　—人员合影，502
　　—阅览室，690，691
大英博物院阅览室，816
戴超，254
戴镏龄，565
戴淑庄，254
戴祖荫，255
丹麦安徒生图书馆，228
德国国立图书馆，226
德意志威马尔图书馆，227
邓衍林，554
刁世荣，255

丁丙，256
丁福保，256
丁儒侯，257
定县平民教育会图书馆，55
东北大学图书馆，63，64，65
　　—读者阅览，663
东北法学研究会图书馆，66
东方图书馆，94，95，96
　　—人员合影，491，492，493，494
　　—阅览室，677
东京市立日比谷图书馆，810，811
东南大学孟芳图书馆，530，531
东莞博物图书馆，187
　　—阅览室，797
董明道，257
杜定友，258
杜联喆，467
杜士卓，259
杜威，498
杜为惠，259

F

范礼煌，565
范希曾，260
方本仁，260
方朝柱，261
方克刚，261
方寿青，262
方淑梅，586
方锡唐，262
房兆楹，553
冯陈祖怡，263
冯汉骥，263
冯平山，264
冯志海，449
奉天八幡町图书馆，73
奉天图书馆，71，72
福建建瓯县公立图书馆

　　—读者阅览，767
　　—人员合影，546，547，548，549
福建省立图书馆，158
　　—读者阅览，763，764，765，766
福建私立集美学校图书馆，161
　　—读者阅览，768
福建图书馆协会，545
抚顺图书馆，74
复旦大学图书馆，100
　　—阅览室，694，695
傅玉锋，467

G

甘药樵，264
高渤云，265
高峻，265，531
高廷梓，266
高艺林，266
哥伦比亚大学图书馆，223
葛光廷，446
葛慰祖，267
耿济安，267
耿靖民，553
公主岭图书馆，79
龚昆英，268
龚子华，268
巩子登，269
故宫博物院图书馆，12，13，14，15，16
顾道敏，518
顾天枢，269，531
光华大学附属中学图书阅览室，709
光华大学图书馆
　　—人员合影，503
　　—阅览室，696
广东高陂中学科学图书馆，186
广东光华医科学院图书馆，791
广东国民大学图书馆，789

848

广东省立勷勤大学商学院图书馆，181
广东台山中学图书馆，185
广西大学图书馆，191
　　—读者阅览，798，799
广州大学图书馆，179
　　—阅览室，788
广州邓仲元图书馆，176
广州岭南大学图书馆，180
　　—读者阅览，790
广州民众教育馆，177
广州培正中学图书馆，182
　　—阅览室，792，793
广州市市立中山图书馆，174，175
　　—阅览室，783
桂质柏，270
郭秉文，271
郭从光，586
郭辅庭，271
郭宗渊，272
"国立模范中学"图书馆，749
过懿瑾，272

H

哈尔滨公共图书馆，80
哈佛大学图书馆，222
海关图书馆，92，93
　　—阅览室，676
韩孝儒，467
韩学勤，467
韩愚，467
杭立武，273
杭若兰，273
杭震宇，274
杭州蕙兰中学图书馆，149
杭州中央航空学校图书馆，147
杭州图书协会，536–537
何承恩，274
何葛民，275

何日章，275
何蕴秋，276
何召南，276
河北省立女子师范学院图书馆，653
河北省立师范学院图书馆，56
　　—阅览室，652
河北省省立天津中学校图书馆，53
　　—读者阅览，646
河南大学图书馆，163
河南省图书馆，550
洪达，277
洪有丰，277，481，531
侯鸿鉴，278
胡怀卿，278
胡俊，279
胡鸣盛，279
胡千之，280
胡少廷，280，470
胡世泽，490
胡适，498
胡天石，488，490
胡萧梧，281
胡延臬，281
胡正支，282
湖北省立第一中学校图书馆，170
湖北省立图书馆，164，165
　　—人员合影，551
　　—阅览室，773，774
湖南大学图书馆，173
　　—读者阅览，781，782
湖南南轩图书馆，172
　　—读者阅览，780
　　—人员合影，574，575
湖南省立中山图书馆，171
　　—读者阅览，779
　　—人员合影，573
虎臣，282
沪江大学图书馆，101

华北大学图书馆，30
　　—读者阅览，614，615
华中大学图书馆，169
华泽沅，283
黄警顽，283，481
黄郎若，284
黄连琴，554
黄谦益，284
黄仁杰，458
黄望平，285
黄维廉，285
黄维荣，286
黄文渊，286
黄翼云，287
黄豫才，287
黄铸仁，554
黄尊三，288
霍怀恕，288

J

济南师范学校图书馆，112
暨南大学附属中学图书馆，110
暨南大学洪年图书馆，102
贾麟炳，289
蹇季常，289
剑桥大学图书馆，824
江国栋，519
江翰，290
江俊甫，290
江苏第一女子师范学校图书馆，724
江苏省教育厅图书馆，721
[江苏省]金山县民众教育馆，688
江苏省立东海民众教育馆，131
　　—读者阅览，737
江苏省立国学图书馆，519，520
江苏省立教育学院
　　—民众教育馆宣传车，745
　　—流动书车，746

849

图书馆老照片

江苏省立教育学院南门实验民众教育馆，642，743，744
江苏省立教育学院图书馆，128
江苏省立教育学院无锡江阴巷实验民众图书馆，741
江苏省立南京民众教育馆图书部，523
江苏省立苏州图书馆，127
江苏省立汤山农民教育馆
　　—读者阅览，723
　　—人员合影，526
江苏省立扬州中学图书馆，736
江苏省立镇江民众教育馆，527，528
江苏省立镇江图书馆，124
　　—阅览室，732，733，734
江苏省立镇中图书馆，126
江苏苏中图书馆，129
江苏医学院图书馆，125
江西省立图书馆，155，156
　　—人员合影，544
江西私立天翼图书馆，157
江彦庸，531
姜亮夫，291
姜世长，291
蒋伯钧，518
蒋径三，292
蒋镜寰，518
蒋梦麟，498
蒋希曾，292
蒋一前，293
蒋吟秋，293
蒋元卿，294
交通部吴淞商船专科学校图书室，697
交通大学北平铁道管理学院图书馆，31
　　—读者阅览，616
　　—人员合影，463
交通大学
　　—图书馆建筑，103，104

—学生自治会平民学校及通俗图书馆人员合影，504
金翰宗，294
金和羹，518
金家菊，295
金陵大学图书馆学班，529
金陵女子文理学院图书馆，119
　　—读者阅览，725
金陵中学图书馆，730
金敏甫，295
金云铭，296
京沪区铁路管理局图书馆，678，679
京兆公园通俗图书馆，7
　　—阅览室，597
井俊起，550
景堂图书馆，183，184
　　—报纸架，840
　　—借书券箱，842
　　—阅览室，794，795，796
　　—字典架，841
旧温属联立图书馆，154

K
开封中山图书馆，162
开原图书馆，75
柯璜，296
克里白，493
孔敏中，297

L
赖鲁氏，449
黎德贞，297
李宝勋，298
李次民，298
李大钊，299
李茱，299
李汉民，300
李寰，300

李继先，553
李明若，301
李如桢，301
李石曾，488
李小圃，302
李小缘，302，481
李协勋，303
李学濂，303，454
李燕亭，304
李仪可，304
李宜清，305
李钰荃，306
李元腾，306
李沅，519
李岳，307
李曾璞，308
李正翰，458
李钟履，308
李钟乔，309
李钟瑞，309
梁启超，310
梁瑞山，311
梁思成，449
梁思庄，450
梁兆澧，311
辽宁省立图书馆
　　—读者阅览，662
　　—人员合影，479
辽阳图书馆，76
林肯学校图书馆，828
林士美，312
林斯德，312，564
林云陔，313
林泽薇，314
凌善安，314
刘福慧，315
刘复彭，315
刘国钧，316

刘华锦，317，553
刘纪文，318
刘澍，467
刘喜亭，319
刘子粹，523
刘祖仁，319
流动图书车（馆），543，582，679，712，727，746，802，820，833，844，845，846
柳诒徵，320，519
龙云，321
卢木斋，321
卢章耀，322
陆步洲，322
陆华深，323
陆世光，323
陆秀，324
陆幼刚，324
路敏行，325
吕绍虞，325，564
吕子珍，326
伦敦圣班克拉斯公共图书馆，823
伦敦圣班克拉斯巡回图书馆，820
伦敦图书馆，817
罗光复，326
罗静轩，327
罗马尼亚尤吕其大学图书馆，843
罗淑勤，328
骆继驹，554，565

M

马衡，446，458
马永秀，467
马宗荣，328
毛坤，554，565
毛汶，329
梅兰芳，449
美国波士顿公共图书馆，220
　　—巡游图书馆，846
美国俄亥俄州阿伯伦学院图书馆，221
美国国会图书馆，216
美国国立图书馆，217
孟传甲，531
孟良岳，467
孟烈士特，449
孟昭镕，329
民众教育馆
　　—读者阅览，600
　　—宣传车，839
缪荃孙，330
莫国樑，330
莫斯科列宁民众图书馆，225
莫余敏卿，450

N

南京大中桥通俗教育馆，524，525
南京市立图书馆，117
南京市市立第一通俗图书馆
　　—读者阅览，719，720
　　—人员合影，515
南京特别市市立图书馆，514
南京图书馆协会，510
南宁民众教育馆，190
南宁图书馆，189
南尚文，331
南社，574
南通学院图书馆，130
南洋公学图书馆，103
年景丰，331
宁夏省立图书馆，84
纽约公共图书馆，827
纽约公立图书馆，218，219
　　—阅览室，825，826
钮志培，332，454

O

欧阳藻，332
欧阳祖经，333

P

潘甫澄，333
潘薛文尼亚大学图书室，224
培正中学图书馆，579，580，581
彭国元，334
彭明江，564
皮高品，565
浦浩，334
浦漱石，335

Q

齐鲁大学奥古士丁图书馆，113
齐淑贤，335
钱寿椿，336
钱亚新，554
乔荣光，336
乔钟楠，337
秦光玉，337，586
青岛褐木庐戏剧图书馆，716
青海图书馆，85
清华大学图书馆
　　—出纳图书证，626
　　—读者阅览，622，623
　　—人员合影，464，465
　　—阅览室，621，624，625
清华学校图书馆，33
　　—阅览室，618，619，620
曲鸿，467
全国图书馆协会代表，511

R

任嗣钧，586
日本大阪府立图书馆，206
日本帝国图书馆，203

图书馆老照片

日本东京帝国大学图书馆，211
日本东京市立名古屋图书馆，207
日本东京市立日比谷图书馆，204
日本东洋文库，210
日本宫内省图书寮，208
日本京都图书馆，205
日本静嘉堂文库，209
日本桥图书馆，70
日内瓦中国国际图书馆，200，201，202
　　—阅览室，807，808，809

S

山东大学图书馆，111
　　—人员合影，509
　　—阅览室，715
山东省立图书馆
　　—读者阅览，714
　　—人员合影，508
山西大同县公立图书馆，655，656
山西公立法政专门学校图书馆，59，60
　　—阅览室，660
山西铭贤学校图书馆，61
　　—读者阅览，661
山西省立民众教育馆图书馆，57，58
　　—人员合影，475
　　—阅览室，657，658，659
山西太原图书馆，476
陕西省立第七师范学校阅览室，665
陕西省立第一民众教育馆儿童阅览室，664
商务印书馆暑期图书馆讲习班，495
上海法政大学图书馆，698，699
上海法租界市政图书馆，680
上海美术专科学校图书馆，700，701
上海民立中学校图书馆
　　—借发处，710
　　—人员合影，505
上海平民村内图书馆，681

上海清心中学图书馆学班，506
上海商会商业图书馆，685
上海商学院图书馆，702
上海圣约翰大学罗氏图书馆，105
上海市博物馆图书阅览室，682
上海市立儿童图书馆
　　—阅览室，711
　　—巡回图书车，712
上海市立民众教育馆儿童阅览室，687
上海市立图书馆，86
　　—读者阅览，666，667
上海市图书馆，87，88，89
　　—读者阅览，670，671，672
　　—目录柜，838
　　—阅览室，668，669
上海图书馆协会，480，481，482
上海徐家汇藏书楼，483
上海中学图书馆学班，507
上海总商会商业图书馆，683，684
尚纯一，338
尚公学校尚公市儿童图书馆，713
尚玉仲，338
邵丙灏，339
邵可鲁，449
邵作德，339，470
申报流通图书馆
　　—读者阅览，689
　　—人员合影，499，500，501
沈道一，518
沈鸿烈，446
沈静之，340
沈曼匋，340
沈润生，519
沈文华，341
沈孝祥，341
沈翊华，342
沈载华，518
沈增庠，342，470

沈兆征，519
沈子良，343
沈祖荣，552，562
盛成中，449
盛际唐，343
施汝霖，344
施廷镛，531
施仲明，344
石惠增，345
石琴芬，550
石少璞，345
石斯馨，346
石锡璋，346
石肇彬，467
史量才，347，498
世界佛学苑图书馆，570，571，572
释太虚，347
四川省立教育学院图书馆，195
松坡图书馆，8，9，10
　　—人员合影，455
　　—阅览室，598，599
宋春舫，348
宋景祁，348
苏联库土聂茨钢铁工厂文化宫阅览室，815
苏州图书馆
　　—人员合影，517，518
绥远省立图书馆，62
孙缦云，349
孙荣华，349
孙睿方，350
孙述万，350
孙树人，518
孙树庭，351
孙颂南，351
孙心磐，352，481
孙玄龄，352
孙豫甫，353

| 索 引 |

T

谭卓垣，353
汤梅荪，354
汤寿潜，354
汤用彤，355
唐启宇，355
陶基承，519
陶铭贵，519
陶述先，458，553
陶小汕，356
陶行知，498
陶载厚，518
天长县图书馆，136
天津北宁铁路公园图书馆，51
天津大伙巷儿童图书馆，647，648
天津鼓楼西儿童图书馆，649
天津南开大学木斋图书馆，52
　　—阅览室，645
天津市立图书馆，42
　　—读者阅览，640，641，642
　　—阅览室，639，835，836，837
　　—人员合影，474
天津市市立第一通俗图书馆，43
天津市市立第二通俗图书馆，44
天津市市立第三通俗图书馆，45
天津市市立第四通俗图书馆，46
天津市市立第五通俗图书馆，47
天津市市立第六通俗图书馆，48
天津市市立第七通俗图书馆，49
天津市市立七处通俗图书馆普通巡回
　　文库书车，50
天津市市立通俗图书馆编辑委员会，
　　473
天津中西女学图书馆，646
田洪都，356，467
田鸿纲，467
铁路专科学校图书馆，633
同济大学图书馆，106

　　—阅览室，703，704，705
佟恩焘，357
佟起翔，467
童欲明，357
涂贤，358
屠诗聘，358

W

瓦房店图书馆，77
万娴静，359，454
万县公立图书馆，193
　　—读者阅览，803
　　—人员合影，584
万县县立民众教育馆，804
汪涤陈，458
汪缉熙，565
汪荫祖，359
汪闾，519
汪应文，565
汪兆荣，360
王步鑫，360，454
王臣贵，361
王福九，361
王皋栋，362
王庚身，362
王宏谟，363
王焕镳，519
王焕镛，519
王季高，363
王景韩，364
王凯成，364
王凌云，365
王铭箴，550
王诺知，365
王佩净，518
王善甫，470
王铁林，467
王宪章，366

王献唐，366
王祥和，367
王潼，368
王雪涛，367
王宜晖，450
王毓华，368
王云五，369
王震保，519
王正旺，369
韦棣华，370
　　—逝世周年纪念，556
卫聚贤，371
魏烈尹，371
温源宁，449
文华公书林，167
文华图书馆学专科学校，553，554，
　　555，556，557，558，559，560，
　　561，562，563，564，565，566，
　　567，568，569
文渊阁，11
翁笑涛，372
乌芸辉，372
乌泽声，373
邬学通，565
无锡国学专修学校图书馆，133
无锡图书馆，132
无锡县图书馆
　　—读者阅览，738
　　—人员合影，532
吴庚鑫，373
吴鸿藻，374
吴鸿志，458，553
吴继先，374
吴谨心，375
吴景贤，375
吴立邦，565
吴盘，376
吴天植，376

853

吴文海, 377
吴文彧, 377
吴钰祥, 467
伍智梅, 378
武昌省立图书馆, 166
武昌中华大学图书馆, 778
武汉大学图书馆, 168
　—读者阅览, 776
　—阅览室, 775, 777
武杰生, 531

X

奚萼铭, 378
厦门大学图书馆, 160
　—读者阅览, 769, 770
仙舟合作图书馆, 516
仙舟图书馆, 118
暹罗他巢华侨启明学校图书馆, 812, 813
香港大学冯平山图书馆, 188
向达, 379
谢伯辉, 379
谢伯渊, 380
谢大祉, 380
谢冠军, 381
谢翰藩, 381
谢浚, 382
谢明章, 382
谢玉海, 467
新华艺术专科学校图书馆, 109
新加坡赖佛尔博物馆及图书馆, 212
新京图书馆, 78
新民学院图书馆（北平）, 632
行政院图书馆（南京）, 722
邢国杰, 383
邢树屏, 383
熊毓文, 565
徐芳田, 523

徐家璧, 458, 553
徐家麟, 467
徐亮, 554, 564
徐明, 384
徐世南, 384
徐庭达, 385
徐信符, 385
徐秀斌, 386
徐旭, 386
徐志摩, 449
徐致远, 387
许德斋, 387
许芳, 388
许育英, 388
许治玉, 389
宣传车, 745, 839
宣化中山图书馆, 54
薛骏兴, 389
薛图南, 390
学海书院图书馆, 771, 772
巡回图书车，见　流动图书车（馆）

Y

燕京大学图书馆, 34
　—读者阅览, 627
　—人员合影, 466, 467, 468
［延安］中共图书馆, 83
严侗, 390
严屏江, 391
严文郁, 391
严子言, 392
阎廷扬, 392
阎雪舟, 550
杨德衡, 393
杨殿甲, 393
杨家骆, 394
杨见心, 394
杨践形, 395

杨开殿, 395
杨立诚, 396
杨润宜, 397
杨庭桂, 531
杨闻庠, 397
杨希章, 564
杨先成, 398
杨元之, 398
杨兆钧, 399, 470
杨振华, 399
杨正一, 400, 467, 470
杨子香, 518
姚大霖, 400
姚伟人, 518
姚文林, 401
姚子素, 401
姚佐庆, 402
叶公超, 449
叶恭绰, 446
叶跻卿, 402
叶筠苍, 403
叶欣甫, 550
宜兴县立公共图书馆
　—读者阅览, 739, 740
　—人员合影, 533
易铁夫, 403
印度马特拉斯青年会学院图书馆, 814
英国柏肯里德公共图书馆, 214
英国国立图书馆, 213
英国赫累福德礼拜堂锁链图书馆, 822
英国兰开县乡镇图书馆松吞分馆, 821
英国密德尔塞克斯乡镇图书馆, 215
英国王室图书馆, 818
英国韦斯明斯忒中央图书馆, 819
由云龙, 404
于炳照, 404
于乃义, 586
于熙俭, 405

于学思，405
余宝珍，406
余超，406
余孝存，407
俞家齐，407，523
俞爽迷，408
育英中学图书馆，38
　　—读者阅览，635，636
　　—人员合影，470，471，472
喻友信，408
喻有信，564
袁家齐，409
袁同礼，409，446，449，481
袁燮，410
云南大学图书馆，806
云南省立昆华图书馆，199
　　—人员合影，586
云南图书博物馆，198
　　—人员合影，585

Z

昝元恺，410
臧家佑，411
曾淑英，586
曾宪文，450，553
查修，564
张朝梁，411
张春祺，412
张丹九，412
张逢辰，413，519
张鸿逵，413
张玑，414
张继会，519
张鉴，414
张菊生，493
张克成，415
张圣诲，415，454
张舒懋，416

张澍，416，586
张松林，467
张庭衡，417
张锡荣，417
张星如，418
张玉琨，418
张元贤，419
张远斋，419
张月如，420
张哲仁，420
张宗湛，421
张作平，498
章湘元，454
章湘沅，421
章新民，422
章箴，422
赵春絮，423
赵福来，423
赵鸿谦，424，519
赵林秀，424
赵士英，470
赵世英，425
赵树林，425
赵万里，426
赵筱梅，426
赵英，427
赵增进，469
浙江常山县立民众教育馆阅览室，760
浙江大学工学院图书馆，145
浙江大学图书馆，758
浙江兰溪绳武小学级图书馆，762
浙江流通图书馆，543
浙江省长兴县立图书馆，150
浙江省海盐县立图书馆，761
浙江省嘉善县立图书馆，151
浙江省建设厅图书馆，144
浙江省立民众教育馆图书馆，142
　　—读者阅览，757

浙江省立民众教育实验学校图书室，148
浙江省立图书馆，137，138，139，140，141
　　—读者阅览，754，755
　　—人员合影，538-539，540，541，542
　　—掌书处，756
浙江省两浙盐务中学图书馆，759
浙江私立流通图书馆，143
浙江鄞县东钱湖图书馆，153
浙江鄞县县立图书馆，152
震旦大学图书馆，107
　　—读者阅览，706，707
　　—目录室，708
郑浩，427
郑洪年，428
政治大学图书馆，120
之江文理学院图书馆，146
芝加哥大学实验小学，829
中东铁路局图书馆，81，82
中法大学图书馆，35
　　—读者阅览，628，629
中国博物馆协会，446
中国大学图书馆，36，37
　　—读者阅览，631
　　—书库，469
中国公学图书馆，108
中国国际图书馆（上海），90，91
　　—读者阅览，673
　　—人员合影，484-485，486，487，488，489，490
　　—阅览室，674，675
中国科学社明复图书馆，97，98
　　—人员合影，496，497
中国学院图书馆，630
中华化学工业会图书馆，686
中华教育改进社图书馆教育组，447

855

图书馆老照片

中华民国识字国民证书，747
中华平民教育促进会图书馆，650，651
中华图书馆协会，437，438，439，440-441，442-443，444，445，446
中山大学图书馆，178
　—读者阅览，784，785，786，787
　—人员合影，576，577，578
中央大学国学图书馆，121
　—人员合影，521
　—阅览室，726
中央大学区立民众教育院劳农学院图书馆，748
中央大学区立苏州图书馆，735
中央大学区立通俗教育馆图书部
　—人员合影，522
　—流动书车，727
中央大学实验学校学级文库，731
中央大学图书馆，122
　—阅览室，728，729
中央军校图书馆，123
中央图书馆，114，115，116
　—读者阅览，717，718
　—人员合影，512，513
钟发骏，428
周连宽，458，553
周名洗，449
周悫，519
周锐，429
周廷洛，523
朱家治，429，481，531
朱金青，430
朱康廷，430
朱励安，431
朱清华，431
朱宜左，432
朱㞢，432
朱英，433，454
朱瑛，554
朱用彝，554
朱增祥，433
朱自清，434
庄敬伯，434
庄严，519
庄芸，435